红人经济

发掘新消费爆点

李檬 著

中信出版集团 | 北京

图书在版编目（CIP）数据

红人经济：发掘新消费爆点 / 李檬著. -- 北京：
中信出版社，2021.1
ISBN 978-7-5217-2500-1

Ⅰ.①红… Ⅱ.①李… Ⅲ.①网络经济—研究 Ⅳ.
①F49

中国版本图书馆CIP数据核字（2020）第232374号

红人经济——发掘新消费爆点

著　　者：李檬
出版发行：中信出版集团股份有限公司
　　　　　（北京市朝阳区惠新东街甲4号富盛大厦2座　邮编　100029）
承 印 者：北京诚信伟业印刷有限公司

开　　本：787mm×1092mm　1/16　　印　　张：14.25　　字　　数：175千字
版　　次：2021年1月第1版　　　　　　印　　次：2021年1月第1次印刷
书　　号：ISBN 978-7-5217-2500-1
定　　价：59.00元

版权所有·侵权必究
如有印刷、装订问题，本公司负责调换。
服务热线：400-600-8099
投稿邮箱：author@citicpub.com

序一

红人及其带来的红人经济近段时间引发热议，红人经济作为互联网背景下"粉丝经济"和"体验经济"融合发展而形成的新业态快速崛起。据估算，2019年我国粉丝经济关联产业市场规模超过3.5万亿，预计2023年将超过6万亿。随着红人及其背后庞大数量的粉丝在不同消费市场的渗透度不断加深，持续创造出新的消费热潮，红人经济逐渐成为一个新的经济现象。在新经济作为我国经济发展重要动力的背景下，红人经济的影响力有望进一步发展，迎来更大、更丰富的发展空间。

红人是红人经济的核心，是连接品牌、内容平台、粉丝消费者的纽带。红人不仅仅是一种营销资源，更是一种新的生产要素，其作用主要体现在两个层面，一是对消费市场的引领、推动，二是对传统供应链的完善、颠覆。

具有巨大影响力和流量的红人在某种程度上可以引领市场的消费者行为和消费趋势。目前，传统的品牌企业大多面对这样一个事实：产品功能等单纯的物理属性已经很难满足消费者在感性驱使下产生的消费需求。企业要赢得市场竞争，就要在品牌和产品中注入丰富、有趣的内容——"内容即货架"，营销推广的不仅仅是产品，更是内容。而红人与粉丝间的互动分享则可以对此加以改善。红人与粉丝的互动属性决定了两者间产品的传递不再是单向的，而是双向的，这使得产品更加丰富，也更有代入感。

关系型消费是中国社会消费的新变化，不同于大消费时代彰显财富和社会地位，关系型消费是一种沟通与交流的体现。通过分享同样的消费理念，消费者渴望寻找与他人的共通之处，并以此为媒介与他人形成新的联系，构建新的圈子。红人与粉丝正是如此，在互动分享的催化中形成消费共同体。随着共同体体量不断增大、影响力不断增强，其所体现的消费理念将引领巨大的消费潮流，甚至决定市场走势，这无疑将给品牌企业带来新的发展契机。

传统的品牌推广方式是中心化的，基于核心媒体平台按层级向外传递，通道单一，触达面小，转化率低，效果渐显疲态。互联网技术的发展为品牌推广带来新的模式，内容分发摆脱了单一通道，进入多元细分时代。在此背景下，红人凭借自身强大的号召力和影响力，可以成为打通多元媒体平台的关键枢纽，帮助品牌实现营销信息去中心化，促进营销信息能够在更大范围内流动。与此同时，红人演化为有效连接品牌与潜在消费者群体的纽带，使得品牌能够触达红人背后的高黏附力私域流量，实现品牌与潜在消费者之间的双向沟通、深度互动，刺激商业价值转化。而在大数据、云计算等新兴技术的加持下，红人营销逐渐走向精准化，商业价值的转化效率将进一步提高。品牌形象和红人形象的高匹配性也增加了红人粉丝向品牌粉丝转化的比例，进而形成品牌黏性，保证商业价值的持续性输出。

红人还可在很大程度上使过去割裂的产品、消费者、市场、生产研发等模块实现有效互动，形成有机的商业循环。在品牌端，品牌向红人发送产品样品，红人通过场景营销与粉丝互动，粉丝"种草"后进行消费，品牌根据接到的订单数量进行有计划的生产，并继续发样品给红人，开始新一轮的循环……在粉丝端，粉丝在使用产品后形成反馈意见，通过互动将反馈意见传递给红人，红人在与品牌进一步沟通中反馈信息，帮助品牌完善产品或开发新产品……在如此循环中，供应链的整体效率得到很大的提升。

从以上可以看出，红人以及红人经济的作用不言而喻，红人带货作为红人经济的一个缩影极大地促进了传统实体零售企业的线上转型升级，为行业发展注入新的活力。然而，红人和红人经济仍面临很多挑战，甚至存在缺陷，比如红人专业素养培养、红人与媒体平台的关系、红人与品牌的匹配、将"红人流量"转化为有效的"商业流量"、商品信息的准确性、消费纠纷的解决等都需要进一步的研究。红人经济的健康、持久发展仍需要相关技术的支撑、行业机制的完善、法制法规的落实等。

这本书的作者李檬作为天下秀（IMS）新媒体商业集团创始人，自 2009 年至今担任集团首席执行官，他对红人和红人经济有深入思考，并在此领域做了大量开创性实践。我曾多次和他探讨一些相关问题，其独到的观点给我留下了深刻的印象。在中国商业变革的重要时期，作为红人经济的积极践行者，李檬对行业实践做了比较详细的梳理，著成《红人经济——发掘新消费爆点》一书，相信会给人以启发，带来对红人经济的新思考，进而促进红人经济的新发展。

王勇

清华大学经济管理学院院长助理、

企业家学者项目与合作发展办公室主任、

中国企业发展与并购重组研究中心执行委员会主任

序二

2020年以来，国内消费市场正在经历一个前所未有的重大变局。很多人已经渐渐意识到，现今正在进入一个"播品牌"的时代，几乎所有消费品牌都在参与直播，KOL（关键意见领袖）成为绕不过去的商业新变量。

什么是KOL？简而言之，就是把"流量"还原成"消费者"的那个人。

流量代表用户时间，即用户愿意花多少时间来关注你。但这只是一组冰冷的数字，没有沟通，没有温度，没有互动。而KOL可以是B站上的UP主，可以是微博大V，可以是红人主播，他们每天把冷冰冰的流量，转化成真实的沟通和互动，品牌被嵌入与粉丝消费者的沟通话题，甚至在红人直播带货的过程中，供应链也得到改造，小步快跑，产品快速迭代。

很多直播电商的上新预售，就能实现产品销量的可观增长，因为它们在前期与粉丝互动的过程中，已经"种草"，启发了消费者的购物灵感，完成了所有该进行的铺垫，最后的销售只是顺理成章的临门一脚。

发掘红人商业能量，要有好的基础设施

红人直播带货，目前已经是"新零售"和"新场景"的重要一环,甚至直接破圈,人人都在谈论直播,很多老板都亲自上阵了。不过,主播不是一个容易干好的活儿。

你体力要好,每天至少对着镜头 6 小时,不吃饭不如厕,要说个不停。仅此一条,就过滤掉了 90% 的人。尤其是那些大主播,都经历过一个"熬"字,粉丝是一个一个苦攒下来的。要使粉丝不离不弃,你不可能只是隔三岔五露面,播一下,不保证时长。

你得有持久的耐力,很多真正的大牌影视明星,在耐力不够的情况下,带货成绩也会一般般。要将庞大的看热闹人群转化成购买人群,你得慢慢"种草",而这个长期的过程需要你天天准点、长时间在线,因为粉丝很难主动适应你的节奏。

人的因素要充分显现价值,也要有好的基础设施支持。乔布斯在 1995 年的一次访谈中,预言了电子商务必将是未来,理由很简单,就是"替代电视购物"。但是问题在于,品牌商如果在 1995 年就挤进去搞电商,那只能是花冤枉钱,因为电商基础设施还没有成熟,要突破一个个瓶颈,还得 10 年左右的时间。

红人经济也是这样,基础设施还在完善中,但这个过程在不断加速。未来的红人经济规模,将是今天的很多倍,却绝不仅仅是今天的简单模样。今天,对于这个领域的从业者来说是黄金时期,可以去演化和探索,创造一个更大的未来。

新消费品牌的炎炎盛夏来了

现今的很多头部红人,已然是一个非常强的"渠道品牌",他们一年的销售额已经是一个很不错的大数了。

那些最成功的红人主播,最大的作用不是令人啧啧称赞的销售数字,而是刺激了消费品牌的新思考方向。

简而言之,无非就是"人、货、场"的结合。在"人"也就是流量一端，首先掀起了巨大波澜，抖音、快手等新流量演变出很多前所未见的玩法；而"货"的一端，则出现了完美日记、元气森林、花西子等新锐"纯线上"品牌，"新产品"们在加价率和性价比上，竞争力十足。"场"呢？就是会出现什么"新场景"呢？

那些特别厉害的带货主播，仅仅是"小荷才露尖尖角"，他们更大的意义是，触发了"新场景"的出现。举例来说，化妆品专柜，好处是体验感十足、所见即所得，坏处是成本高昂，导致加价率必须高且无法实时在线化，买起来不方便；而在天猫上买护肤品，刚好反过来，便捷但体验感大打折扣。红人主播在干什么呢？刚好补足了这一点：他帮你在直播间里试用，有趣的是，他的售卖方式和直播间里动辄一两百万人的同时观看，形成一种拍卖会的热闹气氛，抢到就是赚到的感觉浓厚。

有人认为，中国前 20 年的商业红利，都体现在"基础设施红利"上，比如从世界第一长度的高铁和高速公路到 4G 和 5G，从"世界工厂"中数不清的供应链网络到淘宝、京东、拼多多这些渠道商，再从抖音、快手这些内容高效传播平台到小红书这种"超级口碑放大器"。你可以聪明地找来成百上千的红人主播，建立传播矩阵，帮你"放大"口碑。对应"消费品"来看，中国这些基础设施已经成熟！

基础设施已经完备，土壤肥沃后，就该结"果实"了，果实是什么？是新消费、新品牌。

接下来 5 到 10 年，是新消费品牌的黄金时间，真的别急，这次的时间窗口挺长的，中国消费者太多了，有 14 亿！中国的供应链太强大了，是"世界工厂"！中国的传播沟通太敏捷，有抖音、快手、小红书，还有各种新消费品牌 + 红人 IP，不是春天来了，而是夏天到了，而且是 5 到 10 年的炎炎盛夏。

新消费品牌的炎炎盛夏已经来了,《红人经济——发掘新消费爆点》的出版正当其时,我跟这本书的作者李檬是朋友,知道他是红人商业领域的"九段"高手,很高兴看到他的新书出版,这是行业前沿人士分享的珍贵智力财富。

雕爷

阿芙精油、雕爷牛腩、河狸家创始人,知名连续创业者

前言

我从事互联网行业超过15年，其间，做过高管，两次创业，第一次是传统广告行业，目前是中国A股主板第一家以互联网大数据为核心的红人新经济上市公司——天下秀的创始人。一定要我给自己做一个定义的话，我更喜欢外界对我的称呼——新经济创业者。

我做的事情中，很大一部分是给中小企业、不同层次的自媒体人进行商业赋能，使用新经济时代不同维度的方法，不断给创业者、自媒体人注入新的动能。

这个时代，你已很难将自己嵌入一个特别稳定的组织结构（比如公司、项目团队）中，像流水线上的工人那样，不用想太多，看任务干活。即使你没有背景、靠山、特殊资源，你仍要走上属于你自己的个人崛起之路。就像纳西姆·尼古拉斯·塔勒布（Nassim Nicholas Taleb）在《非对称风险》（*Skin in the Game*）一书中所说的，如果一个人因为害怕独自面对市场的风险，去"躲"在一家公司里工作，用顺从、迎合来换取收入和安全感，这恰恰是这个人最大的经济危机。

2019年，中国数字经济规模达35.8万亿元，占GDP（国内生产总值）的36.2%。在这一背景下，红人已经成为不可忽视的隐形势力，与之相关的市场规模已经是千亿量级，红人新经济正在成为国内数字经济生态的重要组成部分，国内数千万的中小创业者和自媒体人从中获得了新的发展契机。

红人泛指名人、明星、KOL（关键意见领袖）等，拥有自己的粉丝群体，是当前粉丝文化中的主要被粉对象。红人按照不同的划分类别可以分为以下几种。

1. 按领域划分，包括美妆红人、美食红人、健身红人、游戏红人等。

2. 按平台划分，包括（社交平台）内容创作红人、（直播平台）颜值红人、（电商平台）带货红人等。

3. 按粉丝基数划分，包括头部红人、肩部红人、腰部红人、长尾部红人、纳米级红人等。

品牌方依托红人IP（知识产权，特指具有长期生命力和商业价值的跨媒介内容运营），通过平台向消费者传播内容，引发消费者价值认同，从而激活购买行为，实现商业变现。围绕"去中心化"的商业模式，红人新经济在不同行业、渠道、场景的应用渗透程度不断加深，形成丰富多元的创新商业生态。目前，红人新经济价值产出的来源主要集中在广告营销和电商变现两大主力。

粉丝经济时代，红人主播在流量凝聚、商业变现中的核心地位将得到进一步巩固。比如，红人营销在美容、化妆品等行业已经是主流手段，成为绕不过去的品牌渠道。市场普遍认为，红人IP很可能成为最大的流量入口。不过，事实并非如此简单。网络红人其实是一种底层商业力量，将给互联网商业文明带来深刻的重塑。你以为红人主播只是好玩、只是带货？红人商业的迭代背后，是"去中心化的大消费时代"。

外交学院的施展教授有过一个精彩的论断："当这个世界95%的人生产、5%的人消费时，君主、国王、皇帝就是世界中心；当这个世界95%的人生产、95%的人消费时，公司就是世界中心；当这个世界5%的人生产、95%的人消费时,谁将是世界中心?不言而喻。"

中国台湾综艺主持人吴宗宪曾经惊叹:大陆直播卖货打破纪录,某网红3个小时就卖了2 500万元人民币。不过,这个纪录是短暂的,很多人的想象力已经跟不上个人(红人主播)商业能量的爆发量级。

最近几年的"双11"数据,如薇娅、李佳琦这类头部红人,一天的个人销售额就是10亿元量级的。对于这些红人主播来说,睡觉似乎都是在浪费时间。近年来,很多人讲"智能制造""机器换人",2018年一年中国卖掉的机器人总价值在50亿美元左右,经过汇率换算,大概只相当于几倍薇娅的销售业绩。

这些冰冷的数字背后是什么?是"势能转移"。个人即生意,个人即品牌,公司沦为配角,平台沦为配角。那些红人意见领袖已经赢得了"势能"上的优势,会像黑洞一样将所有资源都吸过来,成为压倒性的赢家。这个时代,已经是"个人大于公司",甚至是"个人主宰行业"。这是一个新的商业变局,你我都必须有所作为。而且这些红人主播已经成为商业流量的最佳前台,传统商业不断受到他们的赋能。

关于商业赋能,湖畔大学教育长曾鸣提出过S2B2C理论。S是一个能提供系统支持的公司,它能给很多小B(小商家)赋能,然后一起服务最终消费者C。街上不计其数的馆子、小店以及艰难存活的小商小户,它们得以存在,都是因为真有需求。不过,它们之所以是今天这个样子,是因为依靠自身的能力无法实现品相与效率的跃迁。总要有人给小商小户赋能,改变它们的生存状态。名创优品、Keep、三只松鼠、中关村的食宝街以及淘宝、拼多多,都开始做这件事,即提供一个S2B2C赋能系统,把曾经艰难满足的需求,换一种品相和效率,实现高效的市场下沉。

可是,S2B2C 只是基于智能商业的一个物理系统,人的因素才是第一位的,网络红人的角色正好填补了智能商业的人格化空白。而且红人资源是真正的自有流量池,是每个人独立于平台之外的商业能量,不用依赖任何平台。

现今,你要创业,最好先做红人,不然你没有流量,用户都找不到你。因为每一个好的广告位,每一个流量的洼地,都已经被大公司占领,你很难有切入点,几乎没有胜算。想要创业的人,都会期待这个世界发生变化,变化越快,你所获得的资源就越多,因为旧的商业资源、商业场景已经被大公司开发殆尽。你的最大资源就是社交资源,这不仅仅是你的私有流量池,也是你的流量主权、你的核心商业资源。

本书的内容主要包括:从红人经济的思维角度出发,对当下万物互联的商业新生态做出深刻解析;全面扫描用户的 DNA(脱氧核糖核酸);基于新的商业逻辑,重新透视这个时代的新赛道、新营销、新变量和新格局;用红人 IP 的思维,实现互联网创业者的大突围。

世界是如此精彩,你我当然也不能置身局外。我真诚希望,这本书能够帮助你打开新的视角、拓展新的领域。未来,我们共同用好新经济时代的各种商业新变量,在不断优化这个世界的过程中,留下我们自己的痕迹。

目录

引言／001

上篇　透视红人经济生态

第一章　新一代：红人经济的底色／017

焦虑：面对年轻一代，明星、网红有多难／018

契机：将消费变成社交资产进行"投资"／020

破冰：你的商业逻辑是否匹配你的"佛系"用户／023

进阶方法论：如何切入年轻一代的品味、调性／027

第二章　新变量：扫描超级用户的 DNA／032

精致型用户："时尚界的优步"如何抓住你的爽点／034

土味型用户：夺取中国最大的用户版图／038

温度型用户：各种各样的"生活小时刻"创造无限市场／043

进阶方法论：如何培育你的超级用户／045

第三章　新中心：除了赢得红人"流量入口"，你别无选择／053

变局：现代商业正在进入"红人范式"／055

格局："职业红人"的商业版图在哪里／059

终局：红人始于"叛逆"，渐成潮流，最终回归主流／063

进阶方法论：如何打造你的红人"流量中心"／065

第四章　新支点：社交消费时代的社群裂变／071

起点：不"种草"无商业，因为你要帮用户找"买东西的灵感"／072

落点：KOL 的社区商业／075

局点：营销重构之路，从"一级一级筛选"到"一级一级影响"／077

进阶方法论：如何构建你的"粉丝营销"资源池／080

中篇　直击商业落地策略

第五章　新货架：内容胜出领先于产品胜出／091

商业架构：这是一个看人下单的镀金时代／093

要素建构：红人"带货奇迹"的背后，你该注意哪些问题／094

策略重构：首席执行官自己就是公司品牌的"最大货架"／096

进阶方法论：如何真正赢得红人电商红利／099

第六章　新品牌：定制化的品味代言人／105

踩准风口：品味升级，已经是迫不及待的事情／106

把握入口：如果你想红，就要比别人好玩／108

时间窗口：最后一个品牌堡垒，逐渐被时尚红人攻下／110

进阶方法论：如何打造一个长命的红人品牌／112

第七章　新赛道：谁将最终颠覆广告公司／119

慎重反思：究竟有多少广告费是白花的／120

瞄准痛点：什么是传统广告公司的致命硬伤／123

突围思路：广告行业正在从"油画时代"向"像素时代"进化／125

顺势借势：这个时代，高明的广告策略是什么样的／127

进阶方法论:"智能创业"时代,如何设计你的营销策略 / 133

下篇　把握最新趋势动力

第八章　新经济究竟在哪里产生颠覆 / 143

第一梯度:产品触达 / 144

第二梯度:信息触达 / 144

第三梯度:情感触达 / 145

新制造:"手艺经济"的崛起 / 145

新零售:捕获"无人超市"背后的真实需求 / 148

新消费:迎击"深夜食堂"背后的万亿元生意 / 151

进阶方法论:如何启动一场"场景革命" / 153

第九章　新洞察:发掘红人商业的第一动力 / 162

孤独经济:你的孤独,如何成为别人的生意 / 163

家宅经济:赋能红人商业的新一轮红利期 / 165

瘾性经济:成瘾性消费,是一种合法的"勒索" / 169

进阶方法论:如何创造社交货币 / 171

第十章　新思维:创业者如何在新经济时代升级技能树 / 179

反投机:职业主播、纳米红人将主宰未来的品牌战场 / 180

反鲁莽:如何给你的创业项目做压力测试 / 187

反错觉:避免近视和远视,追上小趋势 / 192

反平庸:遵守"比特创业法则" / 197

反脆弱:牢牢构筑你的商业护城河 / 200

后记 / 207

引言

从 2013 年开始，淘宝的运营团队被安排了一个额外任务——时刻观察淘宝平台的情况，看看是否有新东西出现。这种做法在很多互联网大公司并不少见，比如谷歌和腾讯就有"X 实验室"，它没有具体项目，没有具体人事结构，而是在没有 KPI（关键绩效指标）的压力下，用心追踪商业创新、需求变化。

当时，淘宝运营部门的这个额外任务就有一点探索未知的意味。他们也不知道这个"新东西"具体是什么，什么时候出现。但唯一可以确定的是，创新必定会出现，你不能缺席。大概过了 18 个月，淘宝总算捕捉到了一个"新物种"。基于大数据分析，他们发现淘宝的一批店铺特别奇怪，从来不参加淘宝组织的各种活动，从来不依靠淘宝的流量，反而销量特别好，而且销售期很集中，一个月内的任意一个主题日，或者"6·18""双 11"购物节，销量就可以占到店铺年度、月度销量的很大比例。当然，奇迹不可能凭空创造，这背后一定有什么"新物种"、新引擎在起作用。

奇特的销量曲线背后，谁在推动一些淘宝店铺飞快成长？现在，大家都知道这是雪梨、李佳琦、薇娅、李子柒等红人电商品牌，在虚拟社群的粉丝互动中实现了惊人销量。这当中的商业逻辑是什么？你不能拍脑袋去想，而是要真正贴近新一代消费者，看看他们是怎么想的。后来，这个线索日渐清晰，是 90 后、95 后甚至 00 后年轻一代的消费基因出现了突变——过去大家是看品牌消费，品牌承载了消费者的信任和各种联想；现今的年轻消费者是看人（红人）消费，品牌正在从"虚拟人格"向"真实人格"进化。

红人主播，正在取代品牌成为年轻人群的第一消费动力。这不是说品牌开始变得不重要了，而是红人主播赋予品牌更多可视化的体验场景，消除了消费者与产品的距离感，消费者觉得这样更加真实、有意思。

下面，我对红人经济的主要商业形式（广告、电商）以及发展脉络进行基本梳理，展现几个观察红人经济的视角。

红人经济崛起的核心动力是什么

大概始于 2014 年下半年，红人不仅逐渐成为一个新的流量中心，也成了"风口论"的新概念中心。过去 10 年，每个人都可以抓住的互联网风口有 3 个：2008 年做淘宝；2013 年做微商；2015 年利用移动互联网和社交媒体，快速积累粉丝和吸引注意力，打造个人 IP。当时最受关注的 papi 酱，单靠她的网络人气，不仅带来十分可观的广告收入，2016 年还曾引来 1 200 万元的天使投资，之后更是进入演艺圈。

纵观世界，2016 年唐纳德·特朗普更是史无前例地依靠社交媒体、红人 IP 赢得了美国总统大选。特朗普针对新闻事件，常会说传统媒体不要介入，他所有最新的消息只会在他自己的推特上发布。大家知道他是在干什么吗？他是在圈粉，是在经营自己的红人 IP。特朗普退休以后，只要在推特上发一个广告就可以收入不菲。

至今，欧美国家的红人经济更多是广告行业的升级延伸，而中国市场的红人主播已经成了一种新型货架。2018—2020 年，红人直播行业冲上新一波的浪潮之巅。有人靠实力冲击新的高度，有人在热闹中意外翻船，有人长线布局，有人投机取巧。喧闹之中，直播带货"战报"频传，各个电商平台（或者社交平台）的头部红人主播,今天你宣布直播带货过亿,明天我立刻反超,接着是场销 3 亿、5 亿,数据不断飙升。

> 淘宝直播平台重金打造薇娅和李佳琦,实际上是一个招商行为,是吸引更多的商家在淘宝上开直播。就像它当年发起"双 11"活动,核心目标可能不是打折吸引流量,而是要使更多的品牌入驻天猫平台。
> 最近一两年,中小商户纷纷涉足直播商业。很多品牌公司除了老板亲自直播带货,还分拆出新的部门,内部孵化红人导购。
> 目前的社交消费偏好还是以快销品为主,客单价在 80 元到 100 元,这暂时是一个主流,因为汽车、房产真的要下决心才会购买,要去现场看,哪怕决定线上购买,线下的体验目前也是必要的。未来,VR/AR(虚拟现实技术/增强现实技术)完全大规模商用化以后,线下体验的环节可能可以省略。
> 红人电商崛起的社会背景是技术创新商用之后的用户习惯改变,具体而言,是人们打发时间的方式发生了改变。尤其是抖音、快手这类短视频平台的快速崛起,几乎所有人所有碎片化时间,都可以形成新的流量聚合。在此过程中,任何好的话题、好的内容甚至好的表情包,都可以作为一种新型货架,带动产品销售。

近年来,红人直播带货的超高热度其实是一个"黑天鹅"事件,类似于 2003 年"非典"疫情期间的电商广告市场的情况。2003 年以前,几乎所有互联网公司在广告业务上都是亏损的,大家都在艰难探路。"非典"疫情期间，几乎所有户外、电视、报纸、杂志的广告都无法投放，因为消费者不能出门。所以，很多广告主把预算改到了互联网上，由电商网站负责下单、送货等服务，效果不错，很快整个服务体系就发展起来了。

与之类似，红人直播带货模式的快速崛起也与2020年年初的特殊情况有关。业内原本预期，真正成熟的红人直播带货模式可能还有两到三年的路要走。但是，2020年年初出现了"黑天鹅"事件，突然出现的直播带货风口，反而容易给这个市场带来迷失和冲动。

红人经济时代的商业红利，对大型品牌公司、创业公司、中小企业是完全一样的，不像过去大型平台可以赢家通吃，大树压垮盆景。也许，创业公司、中小企业因为策略灵活，行动更加迅速，反而容易成为这个时代的赢家。但无论如何，你得真正理解红人经济时代的基本要素，比如社交资产，比如粉丝消费者。

为什么"红人经济"会成为全民风口

今天，几乎每个人都在积累自己的社交资产，在移动互联网发展的过程中，所有的内容创作者（红人）创造了其中60%到70%的内容，包括你我每天看到的各类信息，微博、微信、抖音、快手上很多富有趣味的图文和视频，这些内容的商业价值至今未能充分释放出来。

那些社交平台本身很值钱吗？它们本身究竟有多大价值？美国权威网络科学家艾伯特-拉斯洛·巴拉巴西（Albert-lászló Barabási）在《链接》（Linked）一书中就直言：一个社交平台能做多大，关键要看能在这个平台上培育多少红人。而一个没有红人，只能输出内容的网络平台，根本算不上社交平台，只能叫作媒体。

为什么今天有的社交平台有高达几百亿美元的估值？是因为它

们上面有各种各样的红人主播，有各种各样围绕自媒体的用户，这是平台最具价值的地方。谁创造了这些内容？一多半都源于优秀的红人主播，还有广大用户。今天中国的内容产业、内容营销产业是被大大低估的，这是形成风口的内在能量。

过去15年，红人的成长和形态总共经历了4次变迁。

1.0时代，媒体催化走红。一些人做了出格的事，吸引了新闻媒体，这些人自身没有生产内容，只是因媒体报道而走红，这是不可持续、不可运营的。

2.0时代，平台驱动走红。很多人生产优质的视频内容，发布在优酷、腾讯视频这类平台上。这一时期，视频还属于稀缺内容，平台的编辑给这类内容优先推荐位，使其持续曝光而走红。

3.0时代，生活调性走红。papi酱、雪梨、李雪琴等人通过在微博持续分享自己的生活和穿搭心得，契合了粉丝们的需求，然后在淘宝上经营自己的店铺进行变现。这样缓慢但精准地积累粉丝，成功拉升了营销势能并极大带动销售。

4.0时代，优质内容走红。借助短视频和直播兴起的势能，红人主播和博主可以更低成本创作更多优质内容，并在不同平台上分发、运营，多种形式和维度的内容产品都非常契合粉丝的想法和需求。

迄今为止，谁想做KOL，想做网络红人，想做短视频的博主还来得及。为什么？因为目前中国所有的平台估值并不是平台自身创造的，而是平台上的这群博主创造的，博主在未来5～10年作为意见领袖，无论想卖货还是做广告，甚至直接进行内容收费，都是可以实现的。最终获得流量的人，才是真正有价值的人。现今品牌与消费者进行沟通，并不是通过社交平台去沟通，而是通过社交平台上的红人主播去沟通。

一个专门销售鞋子的女孩，在微博、抖音上出售鞋子，她的微博有四五万粉丝，她把很多粉丝转化到自己的朋友圈，以便于销售鞋子。传统店面要服务四五万人，是一项巨大的成本。你在商场里租一个地方，不见得能服务4万多人，而这个女孩凭借微博、微信的能力，跟意见领袖合作，把一些鞋邮寄给意见领袖，让他们试穿，说如果觉得好就不用还了，可以发一条微博或者微信。有了这些社交媒体和移动设备，我们可以创造各种各样的可能性。

你的商业模式能不能通过新的社交媒体，能不能通过红人主播和博主，给自己沉淀用户并产生新的价值，决定了你在未来社交商业中的表现。

红人经济的"结构拼图"是怎样拼成的

红人经济的"结构拼图"主要由4个板块构成：红人创作内容、内容凝聚粉丝、粉丝贡献流量（关注）和流量导向商业。

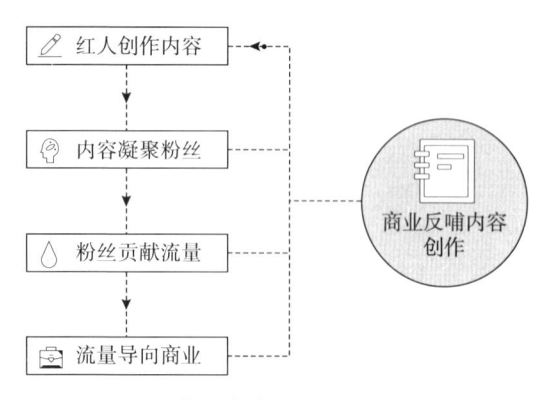

红人经济的"结构拼图"

引言

过去，门户网站、搜索引擎是主要流量入口；现在，红人本身就是流量入口。现今，你想在一些头部红人的微博、公众号上发一篇商业软文，对方要价最高可以达到十几万元，要价几千元、几万元的比比皆是。为什么当年写博客的没赚到钱？在互联网时代，不论你在博客、论坛上写出多么精彩的文章，如果在搜索引擎上的排名不靠前，都一样没有宣传效果。所以，广告客户的钱不会投给内容，而主要投给百度、谷歌这类搜索网站买广告位。而现今人们已经不再将搜索引擎作为内容查找的入口，而是直接看自己关注的红人，而红人制作的内容又可以通过粉丝的社交圈子快速传播。

红人涉及的领域不断增多，内容、形式趋于多样化，带来了更强的变现能力，包括电商、广告、直播打赏、付费服务以及演绎、代言、培训等变现手段，不断取得可观增长，其中电商和广告是红人最重要的收入来源。

红人经济已使电商和营销出现"模式变异"。比如ZARA、优衣库和H&M，在快时尚领域互为竞争对手，而且都在效率上展开较量。其中，ZARA从服装设计开始，走完配料、制作、分销、零售整个流程，大概只要两个星期，传统服装企业则要几个月时间。可是，ZARA赢了吗？近几年"双11"的数据显示，头部的网络红人所占的淘宝女装销量，已经达到30%到40%，像ZARA这样的公司已经低于微博上的红人主播的销量，红人流量所带来的销售量增长十分惊人。

国外也是如此，欧美国家以往高贵冷艳的奢侈品牌，越来越倾向于找网络红人代言。欧美一线的时尚红人，年收入已经高达百万美元，她在Instagram上传一张穿着某品牌服饰的照片，就有几千到几万美元的收入。成长于移动互联网平台的新一代网络红人，正在瓜分品牌客户的广告预算。

现今，红人主播和博主作为独特的"影响力群体"，对消费时尚和潮流的引领，已经超过传统明星。传统明星是靠电视媒体包装起来的，与受众距离较远。而红人资源是去中心化的，不需要专业包装，不需要星探，和粉丝、消费者随时可以近距离接触。

什么是红人经济时代的最好商业逻辑

过去10年，内容载体一直在改变，从报纸、电视到电脑、手机，形式从图文、视频到直播、短视频，红人要设法吸引关注，就要随大众的关注不断转变，毕竟"目光聚集之地，金钱必将追随"。

长远来看，技术不断更新，改变的只是内容载体和传播方式，但人们对优质内容的需求并没有变化。更关键的是，如果内容没做到位，吸引来的用户关注也是浅层的，缺乏运营价值。

根据麻省理工学院媒体实验室对电视媒体的统计，美国观众每看一小时电视，产生的价值只有20美分，也就是一元多人民币。这也就解释了乐视的开机广告，或者董明珠的手机开机广告并不能给各自公司带来多少收益的原因。在美国，从关注的价值上来讲，什么媒体最高？十分令人意外，是没有多少娱乐性的高质量的严肃杂志，它平均一小时可以产生一美元的商业价值。所以，内容和粉丝品质是决定商业价值的基础。

互联网变化特别快，创业者总想洞察先机。什么是先机？是今天可做可不做，但5年之后你会后悔"当初为什么没有做"。但聪明的做法并不是抢占先机。与其去追逐变化，不如发现那些不变的东西，以不变应万变。亚马逊的首席执行官（CEO）杰夫·贝佐斯就说过，总有人问他未来10年会发生什么变化，但没人问他未来10年什么不会发生变化。预测变化十分重要，但更重要的是抓住不变的事情，这才是最好的商业逻辑。因为你知道什么不会变，就能围绕它进行长期的深耕和积累。做内容更是如此，要努力影响一个垂直群体，不要贪全求大。否则，在向商业价值转化的时候，你不知道谁会付费，转化率也就上不去。

为什么说"回归本心"要比踩准风口更加重要

红人经济在很大程度上是"长尾理论"的一种个性化呈现。当今时代再也没有"四大天王"（刘德华、张学友、郭富城、黎明）那样家喻户晓、老少皆知的明星，每个网络红人拥有几万、几十万粉丝，只要其中20%的人愿意购买他们的产品（服务），就能衍生出可观的商业价值。

着眼未来，红人经济的呈现方式会不断发生变化。其中，有两大趋势不容忽视。

第一，红人与粉丝沟通的方式已经从"内容为王"向"语境为王"转变。如果你要成为一个超级IP，可以不用像罗振宇、六神磊磊那样费劲去写，只要营造"氛围和语境"就可以。比如直播，你只要一个人坐在那里，不用说很多话，举手投足之间就会形成一种氛围，这样体验更好，也更节省时间。近年红人直播行业的快速崛起，也是"语境为王"的红利兑现，甚至是在给5G（第五代移动通信技术）、6G（第六代移动通信技术）时代做准备。那时，VR/AR的进化商用，几乎可以使网络世界与现实世界没有实质的差别。

第二，红人"多元渠道"运营将会延续下去。有数据显示，

60%以上的网络红人同时在6个以上的网络平台运营账号,有2个以下运营平台的网络红人不到10%。"多元渠道"运营既能实现不同内容、形式之间的互补,也有助于吸引不同使用习惯的粉丝。

红人经济时代的创业,踩准风口特别重要,语境和渠道也十分重要,但是最重要的,是"回归本心",商业价值只是"坚守本心"的副产品。

对于现今很多商业上的"新物种",起初大家是看不懂的,因为都没有看到价值。比如"凯叔讲故事"的凯叔,他最初就是爱和自己的孩子讲故事。比如李雪琴,她是吴亦凡的铁杆粉丝,每次去一个景点都会说:"吴亦凡,你好,我是李雪琴,今天我来到……"这里面有她很深的情结。你说,这有什么显而易见的商业价值吗?最初,谁也看不出来。但是,这都是凯叔和李雪琴自己内心的真实表达,真实的力量在于能与很多同类人产生情感共振,行业内称为"种草",也就是在粉丝心里种下一颗种子。

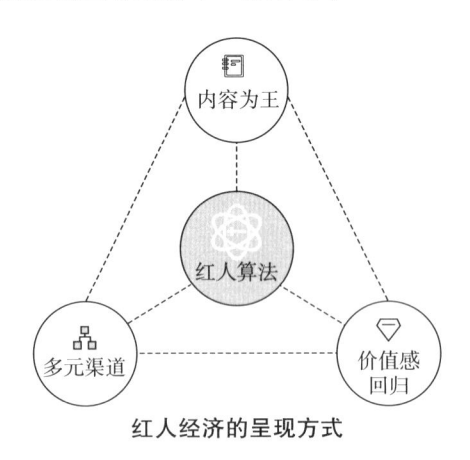

红人经济的呈现方式

真正成功的红人主播,会一如既往地坚持做自己,就像电影《无问西东》里所说的"爱你所爱,行你所行,听从你心,无问西东",这样反而更能找到同类,进行价值聚焦,即沉淀更多粉丝消费者。正如一位心理学家给产品经理讲课时说的:"最好你一直以来都是拿本心和整个世界碰撞,因为这意味着你一直在和这个世界建立真诚的深度关系,这个深度关系会诞生各种真正的产品,很多是意想不到的。"

上篇

透视红人经济生态

第一章　新一代：红人经济的底色

显而易见，红人经济的最大催化因素是新一代的崛起，主要是出生在1990年以后的年轻人，包括90后、95后、00后，他们的思维方式、消费习惯出现了重大转变。

看看他们的出身背景。

一是创新不断、时代剧变，他们谈论的社交媒体、电商算法、大数据、区块链、人工智能等事物，多少年前可能根本就不存在。机会随处可见，而且很难判断下一个机会到底出现在哪里。

二是岁月跌宕、危机四伏，他们年纪轻轻就充分感受到环境的压力，风口很多，但泡沫破灭也快；短期崛起又意外翻船的独角兽公司比比皆是，一个行业昨天人们还争相涌入，今天就沦为笑柄，比如P2P（互联网金融点对点借贷平台）。

这个时代，机会很多，风险也很多，年轻人要跟随趋势，又要随时准备转换赛道，所以，中期实习（mid-term internship）成为一个新的趋势。年轻人会很快从一个行业离职，切换到一个完全不同的领域，去获取全新的技能，在"迁徙"和"流动"中，不断进行自我迭代，发现新的自我。

面对年轻人，询问人生规划似乎是一件很蠢的事。他们的希望与困惑并存，要踩准时代趋势又不能成为孤岛，他们太需要同类了——价值观和生活方式的同类。在这一背景下，红人（意见领袖）的角色变得日渐重要。他们不断创作优质内容，确定自身调性，并且作为新的社交流量中心，在社群的分享、互动中凝聚同类，成为粉丝的品味代言人和价值观同盟。

焦虑：面对年轻一代，明星、网红有多难

95后是"正常"一代的开始，他们没有对物质匮乏的记忆，也不缺机遇，所以不用患得患失、委屈自己。他们只需做自己喜欢的事情，做好自己。

95后是"去中心化"的一代，他们眼中已经没有大众品牌、国民偶像，他们接收信息的来源主要是社交网络、网红社群，他们买东西、看东西，几乎都会给自己打标签，将自己与他人区别开来。

年轻人对品牌认同度普遍降低，不是品牌变得不重要，而是品牌触达年轻消费者的路径不同。现今，在年轻消费者的购物"决策链"中，从兴趣激发（即"种草"）、研究比价到下单购买，最后到分享裂变，处于中心位置的，是社交网站和社交红人。根据相关统计，82%的消费者在进入销售渠道前已经做好了购买决定，在美妆和3C［计算机（computer）、通信产品（communication products）和消费电子产品（consumer electronics）的简称］数码产品销售中，这种趋势尤其明显。

过去，品牌公司的"广告轰炸+明星代言"的常规做法，依然可以奏效，但是效费比已经大大不如从前了。在这个变化中，娱乐圈也大受冲击，已经不可能再打造类似"四大天王"那样的全民偶像。相反，红人主播更加契合年轻一代的胃口。

孵化一个明星，就是"打固定靶"——塑造一个老少皆宜的完

美人设，不断强化人物性格中的鲜明部分，用故事（甚至绯闻）、图片和声音慢慢呈现，直到成为媒体的关注中心。

当红的明星是不能轻易调整人设的，所以，他们都非常小心，在公开场合说话、做事，背后都有很大的团队在进行协调、操作，明星的话术与整体形象，都是事先设计好的。

那些传统的影视明星，都想进入符合自己人设的场景，不用说粉丝影响不了他们，导演也无能为力。导演乌尔善曾直言："一个导演最强大的能力不是指导演戏，而是选对人，导演85%的能力就在于选对人。"你只能给影视角色配置正确的明星，你不可能改变明星的固有特质，使之适应影视作品的角色。但是，在95后的世界里，存在那种人设僵化的全民偶像吗？95后粉丝在意的不是追星，而是自我的表达。他们更像是借明星、网红酒杯中的酒，浇自己心中的块垒。

孵化一个红人主播，就是"打移动靶"——红人主播和粉丝之间的关系，不是一个高高在上、一个匍匐在下。相反，网红还要时刻注意下沉、潜伏，时刻留意粉丝微妙的需求变化，服务好他们。

很多红人主播（以及背后的运营团队），会潜藏在粉丝的线上社群里，听他们如何议论自己。粉丝说他胖了，过不了两天，这个红人主播就会在微博上发一张在健身房运动的照片。粉丝说，染黄头发不好看，下次再出现，他的头发就被染回黑色了。那些红人主播在很大程度上是被粉丝、用户塑造出来的，在国内7亿规模的网红粉丝当中，95后年轻人不仅占比最大、话语权最强，而且是圈层的最大切割者、潮流的最大引导者。

从明星团队的"打固定靶"，到红人团队的"打移动靶"，背后是95后粉丝更自我、更人性化、更考验反应速度的精细需求。

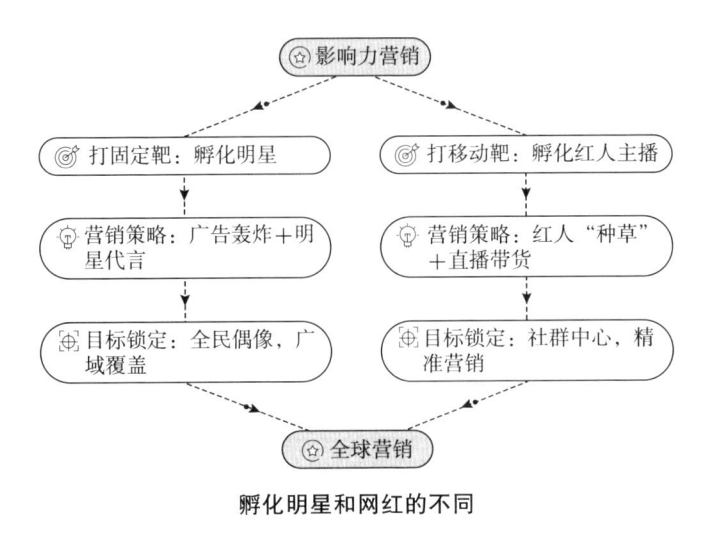

```
影响力营销
    ↙        ↘
打固定靶：孵化明星    打移动靶：孵化红人主播
    ↓              ↓
营销策略：广告轰炸+明    营销策略：红人"种草"
星代言              +直播带货
    ↓              ↓
目标锁定：全民偶像，广    目标锁定：社群中心，精
域覆盖              准营销
    ↘          ↙
      全球营销
```

孵化明星和网红的不同

契机：将消费变成社交资产进行"投资"

一位瞄准95后人群的新锐视频平台的主要投资人，自己是一个60后，却专门招大学还没毕业的00后学生到公司里兼职，而且实习生的权力很大——可以跳过中间层级，直接向他汇报。实习生要每周交一份报告，报告内容是年轻人喜欢什么网站、关注什么热点、生活方式有什么新变化之类的，总之，就是要瞄准年轻人的爽点、槽点、痛点。

很多首席执行官坦承自己危机感特别重——担心不理解新一代人群，怕自己看不懂新东西。所以，他们会采取一些特殊做法，比如找00后"导航"，带他进入年轻一代的第一现场。这就相当于给自己插了一根天线，专门接收新一代人群传来的"二次元信息"。

95后作为互联网时代的第一批原住民，很多地方实在让人不理

第一章 新一代：红人经济的底色

解，花钱时根本不讲道理。一个大型零售公司的老板提出了一个概念——价格敏感型消费者。什么意思呢？他的公司有一个员工去韩国休年假，回来时，旅行包里一顶帽子990元、一条裤子6 000多元，而且拍照发到朋友圈，生怕别人不知道。可是，老板推荐这位员工的一套商务课程99元，他却觉得贵。

1995年前后出生的职场人士，往往被视作"都市中的新穷人"。他们频繁出入高档办公场所，追求品质、追随时尚，外表光鲜，但存款极少，甚至要靠信用卡来周转。结果，很多在5A写字楼里上班的人，没有一些送外卖的有钱。

关于这一代人的消费态度，有两个典型场景。

场景一

"去吃日料吗？人均200元。"
"去！"
"去吃火锅吗？人均100元。"
"去！"
"去吃烤串吗？人均50元。"
"去！"
"外卖20元。"
"抢钱啊！"

场景二

买青菜时，从6.5元讲价到6.2元，还是觉得不够便宜，甩手走人。

> 买口红，500元？1 000元？钱不够就用信用卡支付。

年轻人在生活上可以节衣缩食，在"精致"上却不能打折。我们不能简单地认为年轻一代"过度消费"，相反，他们是"聪明消费"，只是考量的角度、计算的方式变了。

95后、00后不喜欢被别人影响，比如那些电商平台不断优化的商品（品牌）推荐算法，平台认为自己在优化、在迭代，但是，年轻消费者会质疑算法推荐的到底是自己想要的东西，还是平台强加给自己的东西。简而言之，没有认同的东西一定是会被排斥的。

有时，你不理解年轻人为什么在一些东西上投入重金，比如鞋，一双球鞋一旦被打上一种身份标签，价格可以被炒高到原来的很多倍。因为他们购买的，不是产品本身，而是一种自己期待的身份认同，如果这双球鞋跟街头文化、嘻哈文化产生特殊关联，价值就不一样了。

现今年轻一代的聪明之处，在于将消费向"投资"转化。他们花很多钱吃了一顿特殊的晚餐，或者完成了一次很有意义的旅行，会将这些经历定格，拍下来上传朋友圈，这个消费定义了他们的生活态度，而生活态度又决定了他们的社交圈层，这都是他们的社交资产。

年轻一代明白如何将社交资产变现，比如某社交平台有一个小众社区是"再造LV"，用户会把LV（路易威登）包改造之后，转手卖给别人。别人为什么会买呢？因为生活态度一致，对方自然会认同这个价值。社交资产在生活态度一致的圈层当中，是可以相互表达创造力的。

也不是说，做有价值的事情就要多花钱。快手、闲鱼上有很多年轻人在做二手货的交易。哪怕是别人使用过的二手货，在注入了自己的创造力以后，就等同于自己定义了做这件事的价值和意义，只要获得了圈层认同，定价就可以不一样。

破冰：你的商业逻辑是否匹配你的"佛系"用户

近几年来，很多公司在警惕95后，认为他们当中有很多"佛系员工"，没欲望、没梦想、没干劲，很多人追求的是"小确幸"（微小而确实的幸福）。360公司的总裁周鸿祎就明确要定期清理"佛系员工"，否则，整个工作氛围就像死海那样毫无生机。而且年轻一代的耐心极其有限，甚至只有几秒。

如果公司打算招募95后员工，代际动力学中心的建议是，60%以上的95后每天只愿意花15分钟时间申请工作，因此，公司务必简化招聘流程，恰当的方法是，先通过一个极为简单的流程获得他们的信息，然后联系他们，以获取更多的细节。

95后人群对待自己的工作尚且这样没有耐心，你能指望他们对内容、产品会有耐心吗？做内容的要注意：95后看剧，先看前3集，再看最后3集，6集还看不懂的剧会直接放弃，感觉一般的就用3倍速勉强再看几集；95后看文章，一般只看导语，再迅速浏览小标题，就算看完全文了。

做产品的要注意：95后叫网约车，一旦要等待5分钟以上，立刻取消订单，并投诉"平台派单太远"；95后发微信，来不及打字就马上用语音回复对方，你稍微反应慢了，就会使他们感觉煎熬。

简洁、单一、快节奏，是年轻一代的固有姿态，他们很难委屈自己适应你。那么，你该如何调动年轻一代的热情呢？很难。很多品牌公司甚至将95后用户视作"低欲望生存"。品牌公司再怎么费劲营销，他们也只是"都可以、随便"。哪怕你大力度降价、甩货，他们往往也无动于衷。

他们常宅在家里，很多事情都在手机上解决。他们买东西，不在乎品牌，因为品牌只代表别人的评价和看法。他们知道自己的"舒适区"在哪里，更关注的是一些小众红人品牌。哪怕公司的广告到处都是，但它也不如一些小众品牌的影响。

很多时候，95后年轻人不是故意让你觉得难适应，跟不上他们的节奏，很大程度上是你不懂他们的特质。在很多人的直觉中，60后、70后、80后普遍是高欲望水平，人人想赚更多的钱、钱永远不够用，不管在什么阶层，哪怕已经很有钱、很有社会地位，仍会觉得眼下的现状不是自己的未来，还有很多东西要去争取。

但是，95后年轻人较少追求那些普遍的东西，比如车、房子和存款，他们追求的是自己的"小确幸"，所以会让你误解他们是"懒癌"患者或者"佛系人士"。打开一些社群App（应用程序）的留言页面，你会看见一些00后年轻人说自己得了"懒癌"，在那里一躺，就不想动，吃东西、买东西、打车、聊天甚至处理工作，都用手机解决，让人看起来特别懒，情绪也没有起伏。

但是，"懒癌"并不是负面的，而是年轻人的新选择。耶鲁大学教授陈志武曾表示：低欲望实际上是当下社会的一种富贵病。日本、欧美国家已普遍如此，富裕起来的中国也会紧随其后。

95后、00后的欲望在别处，只是你不了解。过去，我们长久待在一个行业、公司里，不知不觉"将现有状态当作常识"，渐渐拉开与用户的距离。比如，1990年以前出生的人，看电影、电视、视频网站，看的是横屏。突然，抖音、快手打破常规，上面大多是竖屏的视频，很多人就会不习惯。可是，1990年以后出生的人，习惯用手机搞定一切，他们看竖屏看习惯了，特别适应抖音、快手。竖屏的视频有什么好处呢？就是用户不再需要将手机横着放，这符合年轻用户的使用习惯。当竖屏的视频流行以后，整个社会也就跟着适应了。

同样的道理，你只要真正读懂年轻一代的真实想法，你就会发现低欲望和"佛系"，其实是一种自我重塑，进而重塑了这个时代的商业逻辑。即使是日本所谓的"颓废的一代"，一样催化了如优衣库、大创生活馆、无印良品等风靡世界的消费品牌。

"无印良品"的字面意思是"没有品牌"，它主打"有道理的便宜"，瞄准低欲望的"佛系"生活，一直在做去品牌化，这当中有3层意思。

突破品类

苹果品牌对应什么？电子产品。

麦当劳品牌对应什么？薯条和汉堡。

无印良品对应什么？说不清楚。

目前，无印良品开发了7 000多种产品，覆盖了生活用品、食物、电器、衣服甚至酒店……无印良品对应的，是一种生活方式，而非一类特定产品。

靠口碑，不靠广告

无印良品很少花钱买广告位、广告时段，省了大笔广告费。那么，日本人是怎么知道无印良品的呢？普通日本人往往对知名厨师、知名设计师、知名作家有一种特殊的崇拜，就像韩国人偏爱街头艺人一样。无印良品经常找一些"人气厨神"现场表演，找一些"人气作家"现场解说生活经验。这不是打广告，但明显带来了"口碑的自传播"。

帮助顾客去掉"所有可能花冤枉钱的细节"

比如，超市中的香菇、番茄、黄瓜，都是事先挑选出来的，形状大小相似，被包装后出售。无印良品认为食材的形状不重要，反正都要切碎入菜，色、香、量刚刚好就行，这样可以去掉很多不必要的工序，最大限度地减少浪费，自然是"有道理的便宜"。它将7 000多种产品"所有可能花冤枉钱的细节"通通去掉了。

消费品牌是一种社交货币，是你社会身份的一种标签。不错，大多数人都是这么想的。日本大概40%的人至少拥有一个LV包，92%的日本女性是LV用户，此外，90%的日本女性拥有古驰产品，超过58%的日本女性有普拉达产品，超过51%的有香奈儿产品。前些年，仅日本一个国家就贡献了爱马仕30%的销售额，近几年，因为中国女性消费者的大爆发，才使日本的这一比例有所下降。

可是，配置奢侈品牌丝毫不影响大多数人精打细算的心理。当你真正读懂《下流社会》《低欲望社会》时，你会发现日本年轻一代那种根深蒂固的"心理分裂"——极端的"上流崇拜"，为了一个标签（奢侈品牌）不惜花冤枉钱；极力"往下漂流"，在多数消费场景下是务实、斤斤计较的。

无印良品去品牌化的核心心法就一条：不对人群分类（比如谁是中产阶级、谁是小镇青年、谁是潜在目标用户），只对消费场景分类。注意，这里说的是只对消费场景分类。消费品牌大多瞄准人群甚于瞄准场景，无印良品恰恰相反。

同一个人，可以在股市、商务场合一掷千金，在超市、菜市场反而会货比三家，精打细算。在不同的消费场景下，人们心中"最深层的关切点"是不一样的。针对不同消费场景下人们心中最深层的关切点，将产品组合做到极致，这才是厉害之处，品牌只是这一过程的副产品。

无印良品的空前成功,印证了关键一点:低欲望的、"佛系"的年轻一代,他们并非真的欲望很低,而是欲望更加漂移,不易被消费品牌捕获。这就要有新的商业逻辑与之匹配。

进阶方法论:如何切入年轻一代的品味、调性

如果用一个词来形容年轻一代的精神世界,你会选择什么?这里有几个备选:气质、性情和调性。

正确的选择是调性。目前最受95后人群欢迎的视频网站是哪一家?众所周知,是B站。

国内三大视频网站(腾讯、优酷、爱奇艺)的用户基数是B站的2倍以上,但是,你无法确定三大视频网站有什么调性,你只知道这些是大众网站。什么叫有调性呢?不是你清高、不食人间烟火,而是你有区别于大多数人的精神特质。

说具体点儿,快手曾经很有调性,被视作"老铁集散地";抖音曾经很有调性,被视作"潮人集中营"。但是,随着快手、抖音的用户基数剧增,逐渐成了全民应用,调性已经被冲淡。

调性,是你与众不同的特质。但是,不同视角下年轻一代的品味、调性并不一致。现今,很多平台、机构开始下大力气研究年轻群体,显微镜、望远镜、偏光镜都对准他们,主要还是商业目的,如针对他们的组织管理、针对他们的消费品牌,或针对他们的理财产品。

金融机构眼中的95后,调性是"大气"——95后很多是独生子女,对贫穷是没有记忆的。更重要的是,他们父母一辈已经有了一定的财富积累。他们未来会拥有的资产带给他们特别强的安全感,因而特别大气。所以,80后(很多是"房奴")在还钱,90后在存

钱，95后不存钱，00后敢借钱。

产品经理眼中的95后，调性是"讨巧"——有人发现，80后玩手机一般用一个手指不停按，90后玩手机用两个手指，而95后、00后玩手机用两个拇指+两个食指，四个手指一起上，两个拇指是打字的，两个食指是滑动手机界面的。不了解这些细节，你在设计应用的时候，就很难打动他们。

广告从业者眼中的95后，调性是"个性"——二次元在95后的社交标签中占据很高的流量，很多95后痴迷的产品都烙有二次元的印记。相较于85后在垂直领域的泛分类，95后在垂直领域的爱好则需要更加细分，单在"古风"这个领域，就可进一步细分为汉服圈、古文圈、古典音乐圈等。针对这个群体的主题消费，切入点一定要精准，否则转化率会很低。

游戏从业者眼中的95后，调性是"极致"——B站的首席执行官陈睿对95后人群这样评价：极度挑剔、极度宽容、极度感性和极度理性。他们对游戏内容的品质十分挑剔，但如果是一家认真做游戏的公司，他们又会很宽容。他们对自己喜欢的东西非常感性，对自己不感兴趣的东西又非常理性。

社交平台眼中的95后，调性是"意义"——他们期待赋予时间更多意义，西五街、小红书这样的社区电商会流行起来，是因为消费的终极意义在于如何使自己过得更充实。时间越来越稀缺，95后年轻人参与社区电商的动力，是在同一时间享受更多"种草、拔草"的快感，能有不错的购物体验。

服务从业者眼中的95后，调性是"孤乐"——95后、00后特别享受孤独，他们有一种"孤乐主义"心态，与其在人群中委曲求全，不如选择孤独。阿里研究院的数据显示，在95后、00后人群中，一个人看电影的比例高达54%，一个人点外卖的比例达到了

第一章 新一代：红人经济的底色

33%，所以阿里电商系统开始推"一人食"、"一人租"、"一人旅行"、"一人火锅"以及"迷你小家电"、"自助唱吧"等。这是一种"单人的乐活模式"，更是一种新的商业布局。

电商平台眼中的95后，调性是"夜袭"——95后人群是"夜间经济""睡眠经济"的动力引擎。《2019中国睡眠指数报告》显示，90后年轻人中3/4是晚上11点以后入睡，1/3是凌晨1点入睡，睡前，多数95后都会玩手机，其中很多人睡前玩手机超过一个小时。阿里巴巴发布的"夜经济"报告显示，淘宝成交最高峰是晚上9点以后，占全天消费比例的45%左右。在晚上11点到凌晨3点的深夜，有好几万人在天猫上"熬最晚的夜，买最贵的眼霜"。

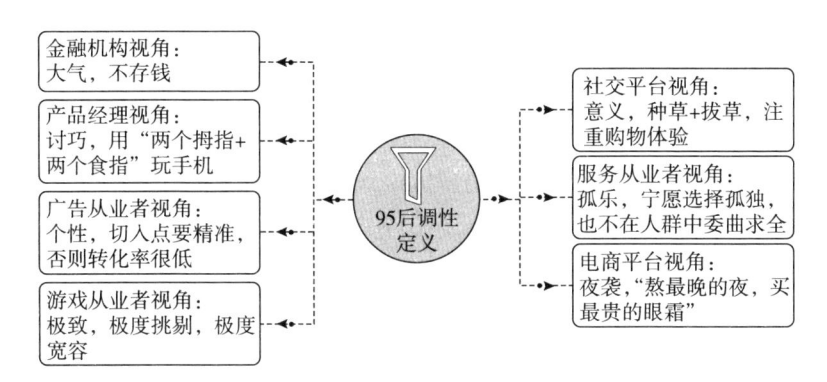

```
金融机构视角：                        社交平台视角：
大气，不存钱                          意义，种草+拔草，注
                                      重购物体验
产品经理视角：
讨巧，用"两个拇指+      95后调性      服务从业者视角：
两个食指"玩手机           定义        孤乐，宁愿选择孤独，
                                      也不在人群中委曲求全
广告从业者视角：
个性，切入点要精准，                  电商平台视角：
否则转化率很低                        夜袭，"熬最晚的夜，买
                                      最贵的眼霜"
游戏从业者视角：
极致，极度挑剔，极度
宽容
```

不同群体眼中的95后

洞悉年轻一代的品味、调性可以有很多不同的角度，但是，有没有一套成熟、普适的方法？你看年轻群体的手机界面，各类应用场景的App呈矩阵排列，它们会对用户时间进行激烈争夺。一个95后年轻人可能同时使用抖音、快手、B站、爱奇艺、腾讯视频和喜马拉雅，一个00后大学生的晚间时间可能需要在《和平精英》、B站、抖音和热播剧中分配。是的，各大平台就是在争夺用户的时间。

可能是内容好，可能是视效好，可能是体验好，95后用户光顾

了你的地盘。但是，能使他们长期关注你的地盘，一定是调性好。

简而言之，你的产品、品牌、平台 App 的调性，不能面向所有人，而要特别关注 95 后甚至 00 后的价值观，要使他们更加富有参与感、行动力。诙谐但充满正能量的调性，是沉淀 95 后粉丝的磁力场。在平台、产品调性的形成过程中，你要特别注意两点。

要特别注意服务头部 5% 的用户

有产品经理曾直言："淬炼任何产品，代价最小的唯一办法，就是从调性一致的内容精英起步，快速扩展到 5% 最优质、最有趣的用户。"将来，BAT（百度、阿里巴巴、腾讯）、TMD（今日头条、美团、滴滴）这些大平台要攻击你的领域，这 5% 最铁的用户，就是你跟巨头对抗的一条护城河，而调性就是护城河中最强大的堡垒。

要吸引新一代年轻人，智能推荐不能总是推荐相似、重复的内容，比如他们看了一些口红视频，可能会一直被推荐口红视频；也不能总是瞄准一个圈层，比如为了给草根用户更多的曝光机会，内容过度下沉。这都是算法的缺陷，年轻人未必会喜欢。

这一代年轻人几乎不会被平台算法影响，相反，他们会主动驾驭、运用不同平台的算法来满足探索自我的需求。所以，平台已经很难通过算法的优化来贴近年轻群体，而只能成为他们的价值观同盟。

B 站可以在腾讯、爱奇艺、优酷的激烈竞争中发展得很好，是因为文化突出，二次元的调性鲜明，好玩又不乏爽点、燃点，这就是价值观同盟。

通过红人（意见领袖）用"互动"打败"被动"

95 后群体特别有个性、特别自我，不愿意被动接受别人的影响，更讨厌被人指指点点。可是为什么追求个性的95后、00后那么需要红人（意见领袖）呢？

他们的个性不是特立独行，而是"小圈子的抱团"，世界上的生物很少是离群索居的，人类也一样。95后、00后只是更加期待一种鲜明的自我表达，具有鲜明特质的他们聚在一起，互相寻找认同，这是一种小圈层的荣耀感。

其实，年轻群体也有从众心理，并且乐于分享，希望有存在感，获得认同感。以前，你做品牌、平台，你的内容输出都是单向的、慢节奏的，更像一个广播电台。现今，你不管用什么东西吸引95后用户，如图文、影视剧、短视频或者直播，你一定是紧凑的、高频次的、快节奏的，更像一个聚会。

与其说红人（意见领袖）是社群中心，不如说是认同中心。现在，中小企业、创业公司特别关注，如何将品牌、红人、年轻一代深度联系起来。红人营销的典型方式，是围绕消费者来构建社区认同。在这个社区里，企业和消费者不再是分开的，而是融合成一个共同体，有共同认可的价值观。而红人（意见领袖）就是社区价值观的人格化表现。他们可以运用各种方法，比如通过视频、微博、直播等全方位地展现自己，当然也包括他想传达的价值观。

红人营销对中小企业、创业公司的核心价值就是3个字——低成本。红人主播在生活中的分享，是在用低成本构建社区，让目标人群产生认同感。而且这个社区不是一成不变的，红人和粉丝之间不断互动，不断进行双向选择。这种建立品牌的方式，效率远远高于传统品牌的做法。

第二章　新变量：扫描超级用户的 DNA

国内创业者习惯抢风口，担心变化太快，慢一步就步步皆输。2018 年前后短视频兴起，因为视频的时间更短，意味着更高频的刺激、更密集的爽点。那段时间，头部位置的红人大多孵化于两大平台——微博、抖音，因为那里的短视频体验最好。你错过了，机会就没有了。

而抖音的快速崛起是 2018 年的一个意外。抖音上线初期，外界质疑它抄袭北美音乐短视频社交平台 Musical.ly，谁料，今日头条直接以 10 亿美元收购 Musical.ly，并与抖音合并。很快，抖音迅速爆发，抖音国际版在苹果应用程序商店（App Store）下载量一度冲到全球第一。这一趋势来得很快，要踩准这个节奏，非常考验眼光、速度和实力。不过，要是你能近距离感知市场变化，真正吸引你的，也许不是风口和大势，而是不那么急促的小趋势。

> 微软的前任首席战略官马克·佩恩认为，现今的商业环境不再以大趋势为主，每个事实之下都暗藏着多种微妙变化，这些考验洞察力的微小变化就是"小趋势"。当前的世界由颗粒状、微小的一个个小趋势组成，主导市场的，可能是完全相反的两种小趋势。
>
> 佩恩特别注意了一个例子，美国越来越多的人拥护速

第二章 新变量：扫描超级用户的 DNA

食主义，数据显示：17% 的企业高管习惯将速食产品当作午餐，40% 的工薪阶层会自带便当，都是为了节省进食时间。于是，一家食品科技公司 Soylent 顺势推出了一款代餐饮料，声称每天喝 5 次就能代替正餐。当你以为这是大趋势的时候，反而刺激了更多人对精致食物的需求，全食超市随之做大。两种完全相反的消费理念促成了十分微妙的市场变化，两种小趋势同时获得了商业上的有效回应，大大拓展了市场宽度。

国内消费市场同样出现了这种微妙的分化，比如，女性市场可以不停地追求那种精致生活，这类消费群体尤其讨厌便宜货，觉得那些便宜的东西会给她们带来沮丧和失落。各种体现精致生活的小众红人品牌崛起。

比如，消费市场和新媒体领域的"土味兴起，用户下沉"正在加速，目前"流量红利"在三、四、五线城市还在延续，中国三线及以下城市的消费者占全国 70% 以上，贡献了中国 60% 的经济增长。拼多多、趣头条这些社交电商就是典型案例，它们不走高端路线，触角伸向了三、四、五线城市，平台创立两三年就成功上市。

比如，当前"421"（4 个老人、一对夫妻、1 个小孩）家庭正在实现网络上的"完全连接"，消费市场开始用心瞄准"生活小时刻"，开启"家庭全员营销"。消费品牌更加重视用生活细节来打动用户，重视挖掘各种各样的"生活小时刻"，来建立和消费者之间的情感关联，进而将消费者变成粉丝。

未来商业的超级变量已经开始发酵，下面具体针对女性市场用户的"精致"、下沉市场用户的"土味"、家庭市场用户的"温度"

进行解析，扫描用户的DNA。

精致型用户："时尚界的优步"如何抓住你的爽点

国内电商市场有一个普遍认识——"得女性者得天下"。统计数据显示：2018年，消费对GDP的贡献达到76%（几年前还低于50%），国内7 746万名中产女性是其中的绝对主力。时尚、育儿和健康三大领域的消费尤其突出——女性推动美妆行业每年以11.5%的速度增长；2018年，女性在母婴市场的消费达到3万亿元，在早教市场达到6 271亿元，年增速15.3%；女性重视健身和家庭健康，2018年天猫上购买跑步装备的女性增长14倍，购买营养品的消费增长44%……

多年以前，一位投资人表示，他心目中的"消费投资与市场价值"从高到低依次是：少女＞儿童＞少妇＞老人＞狗＞男人。

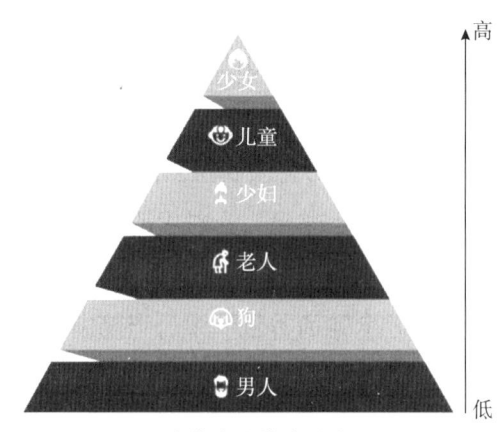

消费价值梯度排序

马云曾经做出预言："在未来的30年里，世界不再是力量的竞争，也不是知识的竞争，而是用户体验的竞争、

第二章　新变量：扫描超级用户的 DNA

对他人关怀的竞争，要做到这一点，女性特别重要。说白了，就是女性比男性更会关怀别人。"

腾讯在耗资 100 亿元收购永辉超市和唯品会的部分股份以后，第一个重要成果就是通过消费大数据知道了：购物是女性的一种生活方式，家里女性往往掌握着采购大权；生鲜具有聚客效应，而且一半以上的消费者都会在购买生鲜时购买别的产品。总之，"得女性者得零售，得生鲜者得流量"。

小红书是国内最大的生活方式分享社区，公开数据显示，截至 2018 年 12 月，小红书的 1.6 亿注册用户中，女性用户超过 80%，而且其中 60% 以上是苹果手机用户。而且，至今也没有一个"男人版"的小红书出现。

有人说，现在最大的生意，已经不是黄金、钻石的生意，也不是互联网、区块链的生意，更不是人工智能、金融科技的生意，而是女人的生意。

2013 年，脸书打算以 30 亿美元收购由斯坦福大学的两位学生开发的一款照片分享应用——色拉布（Snapchat），结果被拒绝。2017 年，色拉布的母公司 Snap Inc. 顺利在美国上市，成为继 2014 年阿里巴巴在美国上市以来获得 IPO（首次公开募股）市值最高的科技公司。色拉布最早的投资人是光速资本，最初投了 810 万美元，现今获利几十倍。当初色拉布最被投资人看好的亮点是什么？是女性用户。

色拉布要比脸书、Instagram 更讨女性用户喜欢，色拉布的女性用户的比例最高时超过 70%。同样是社交应用，色拉布一开始就特别关注女性用户的痛点、爽点，开发

"阅后即焚"功能——因为女性用户更在意隐私,开发"直播滤镜"功能——因为女性用户更在意形象。抓住了女性用户,就抓住了流行文化的风向标。

国内也有同样的故事。小米在2015年、2016年陷入低谷,之前,从来没有一个手机品牌在巅峰过后还能"二次崛起",诺基亚、摩托罗拉、索尼都没有做到。小米做到了,小米在2017年第二季度重回全球手机出货量的前五。小米手机靠什么完成"翻身"?是女性用户。

过去,小米在品牌、投放和营销上的策略是主打"黑科技""工程师文化",超过70%的用户都是男性。2017年开始,小米用了"拍人更美"的广告语,特别关注女性用户的感受,比如以前发布会可能把20个亮点都讲得很细,现在会归纳成3到4个女性用户可以感知的点;而且主动与综艺节目《奇葩说》合作,因为《奇葩说》80%的用户是女性。

引爆女性用户,背后有没有可复制的套路呢?这里有一个"高清画像"理论。过去,要清晰了解一个人的真实想法,办法是发问,重要的问题要连续问5个。

有一个叫《长靴妖姬》(*Kinky Boots*)的百老汇经典剧目,给人不少启示。故事起因是一家老牌的制鞋厂,由于生产成本太高,濒临倒闭。有一天来了一名男士,要修一双女式高筒靴。鞋厂老板就连续问了5个问题。

第一个问题

为什么一名男士要修女式靴子?

答案不是给太太或者女朋友修，而是给自己修。

第二个问题

为什么男士要穿女鞋？

答案是这位男士有易装癖好，喜欢穿女鞋。

第三个问题

为什么鞋会坏？

答案是男士身材高大，女鞋的鞋跟太细，承受不了他的体重。

第四个问题

为什么不穿更结实的大号女鞋？

因为它们不好看。

第五个问题

为什么市场上没有又好看又方便肥胖用户穿的女式靴子？

鞋厂老板问到这里，发现了一个商机——市场上没有专门为肥胖女性用户设计的高跟鞋。

当然，这只是浅层、粗线条的"高清画像"。但在多数情况下，这就够了。现在美国公司开发女性用户的手段已经高明很多——算法+私人造型师。电脑算法可以通过数据的长期积累，充分了解一个人在什么场景下，会有什么样的偏好或者倾向，这些个人习惯、行为规律的数据集合，可能会有一些误差。不过，平台可以撮合（兼职）专业造型师与用户对接，相当于"时尚界的优步"，这是更精细的用户"高清画像"，往往可以大概率击中用户的爽点。

《快公司》（*Fast Company*）杂志"2019年全球五十大

创新公司"榜单中的第 5 名，是一家叫 Stitch Fix 的时尚电商公司，主要做女性用户的"私人造型师"。用户成为会员以后，会定期收到快递，里面有 5 件为用户挑选好的衣服。用户试穿满意，可以购买，不满意可以免费退回。如果一件都没有买，用户需要支付 20 美元的造型费。

随着公司旗下的专业造型师（类似国内的外卖小哥、滴滴司机按件获酬）的获客积累，购买与退货记录、回馈意见的不断沉淀，用户体验会越来越好。平台不断优化算法，调整推荐方案，最终决定寄出哪些服饰。

当今时代，主流的女性消费群体已经不太容易被广告和营销所改变，她们的所有消费行为，都是基于她们特有的生活态度。这需要有更多品味接近的"同类人"与她们充分沟通，给她们好的引导。她们给自己买东西，不是看"品牌"，也不在意"性价比"，更多是为了给自己"打标签"。

你花钱买一件东西，不仅仅是一种消费行为，更是对你的个人品味和生活态度的一次确认。你家里客厅怎么摆设、出门开什么车、不同的场合穿什么衣服，这些不同的消费组合、消费倾向，都构成了你在这个社会上的位置。你的身份和品味，别人一望便知。身份、阶层和认同，这才是品牌的秘密。

土味型用户：夺取中国最大的用户版图

年轻一代中的主流女性消费者特别看重品味、调性，但国内消费人群最大的那块拼图，反而特别看重性价比。

2019 年是下沉市场进入主流视野的关键一年。这背后有几个不

第二章　新变量：扫描超级用户的 DNA

容忽视的基本事实。

事实一

众所周知，拼多多主要针对三线、四线、五线城市用户，2015 年上线至今，3 年时间实现上市，4 年时间超越了 BAT 当中的"B"，是下沉市场加速了它的崛起。

拼多多的投资人之一、高榕资本的合伙人张震对下沉市场十分看好，这背后有一个基本逻辑：市场到底有钱没钱，不能只看收入，还得看存款。三线、四线城市的生存压力较小（房贷尚未严重挤占居民消费空间），如果将房贷去掉，三线城市居民的可支配收入是最高的，其次是二线城市、新一线城市。

事实二

阿里巴巴公布的 2019 财年年报显示：包括淘宝、天猫在内的移动月活用户达到 7.21 亿，比 2018 年增长了 1.04 亿。

在大多数互联网公司面临"新增用户瓶颈"的当下，淘宝、天猫用户规模竟然还有这个程度的增长，更关键的是，在超过 1 亿新增消费者中，有 77% 源于下沉市场。

事实三

日本的首富是优衣库的老板，西班牙的首富（一度是世界首富）是 ZARA 的老板，德国的首富是廉价超市阿尔迪（ALDI）的老板。纵观全球，下沉市场是商业增长的强劲动能。

很长时间，崛起中的阿里巴巴特别看重"金字塔底层的宽度"。阿里巴巴旗下公司的名称是"蚂蚁××""菜鸟

××""平头哥××"……生意做那么大，仍在坚持瞄准底层的草根路线。曾经，阿里巴巴的高层领导很喜欢说"低端市场的蚂蚁炼金术"。

有人特别佩服印度资本大鳄拉坦·塔塔（Ratan Tata）的造车神技。拉坦·塔塔看到印度的很多穷人全家都在一辆机动车上，父亲骑车，小孩站在前面，母亲坐在后面，怀里还抱着婴儿，他就想，能不能制造一辆穷人买得起的轿车呢？2008年，塔塔公司的Nano车终于上市，售价不到2 000美元，是当时世界上最便宜的轿车。Nano车的成本控制达到极致，它只有一个雨刮器，没有电动车窗，没有座位自动调整等一般功能，座位由塑料和织布做成，发动机是双缸0.6升排量，没有空调、音响……印度街上经常是汽车与牛车同行，Nano车尽管很简陋，但很适合印度的路况。不过，最近几年印度经济发展很快，消费市场出现了一定程度的结构性变化，Nano车逐步退出了主流市场。但不可否认，Nano车还是创造了历史，拓展了"金字塔底层的宽度"，蚂蚁可以扳倒大象。

综合起来，如何给下沉市场一个准确定义呢？担任过阿里巴巴B2B（企业对企业）业务总裁的卫哲，从投资人角度建议关注未来消费市场的"非主流人群"，他们来自国内2 856个县，41 658个乡镇，662 238个村，他们没有高房价或高租金的困扰，可支配收入并不低。甚至有人直言，藏在县城的万亿生意，尚未被充分发掘。

根据《2019下沉市场图鉴》，下沉用户主要有3个特点：一是有钱有时间，喜欢找人一起砍价；二是对价格敏感，低价远比品味重要；三是猎奇心重，乐于分享、炫耀。所以，拼多多通过"廉价

第二章　新变量：扫描超级用户的DNA

的社交电商"打法，迅速吸引了用户。

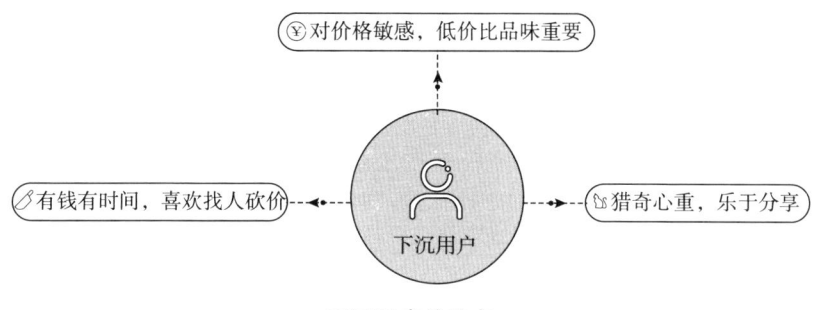

```
         对价格敏感，低价比品味重要
               ↑
               |
有钱有时间，喜欢找人砍价 ←── 下沉用户 ──→ 猎奇心重，乐于分享
```

下沉用户的特点

中国市场从来不是一个单一市场，而是纵横交错的多层次市场。过去十几年，百事可乐在中国市场上做了百亿规模的广告投放，可是派人去县城做调研，还是有很多人不知道百事可乐的存在。不是这些人没见过百事可乐的广告，而是本能地过滤掉了这些信息，因为那些没有真正融入他们的生活。你以为众所周知的事情，国内很多县城、乡镇的人都还不知道。

所以，vivo和OPPO会成功，不是品牌下沉，就自然有人买，而是它们的下沉能力堪比中国邮政。一些小城、小镇的商业街上，消费者的必经之处几乎都被vivo和OPPO的广告占据，你的视线根本避不开，这是典型的陆军战法。

同样的道理，拼多多能跟天猫比时尚吗？拼多多能跟京东比效率吗？不能。拼多多几乎是重新开发了一个廉价市场。下沉市场不是在那里等着被发现，而是被打出来的。下沉市场有多大，主要看你有没有手段，能不能"打下江山"。

比如蒙牛和伊利，中国人原本没有喝牛奶的习惯，但蒙牛和伊利的广告不计成本，天天告诉用户要喝牛奶；又如美团和饿了么，用价格战教育市场，"送上门的外卖比大排档的还便宜"，从中餐到晚餐，到现在的夜宵，用户已经习惯了，这就是"打下来的江山"。

拼多多上的东西实在太便宜了，"18元钱可以买冰箱"，即使不是捡到宝，也会觉得好玩，用户想试试。拼多多的优惠措施无须"烧脑"，非常简单。当然，这也要放弃一些东西，比如品味。很多在微博、抖音上走红的红人主播，会在淘宝上卖货。可是，有哪个红人主播到拼多多上卖货呢？拼多多不是靠品牌和品味赢得下沉市场的。

一个品牌或者产品，最有价值的部分不是实体，而是谈资。品牌是在给你的品味代言，最有价值的那个部分，相当于你支付给品牌的代言费。红人主播与消费品牌可以自然合体，因为都可以做消费者的品味代言人。

有人认为，没吃过36元钱的黄翠仙食品和15元钱的钟薛高雪糕就是穷，因为你的生活要有品味，否则你很难跟有品味的人交朋友，价格中的品味部分属于"必要的昂贵"。

拼多多几乎反其道而行之，用户"只向够用的功能付费"，品牌、品味都作为价格中"不必要的昂贵"被剔除掉了。这种策略和很多小城、小镇青年的生存状态是一致的。很多年轻人选择背井离乡去大城市发展，要改变命运，或者给下一代创造更好的起点。而留下来的，或许不会觉得世界发生什么、中国发生什么，与自己有多大关系，他们更加追求一种有趣的生活、一些简单的快乐。

很多创业者在跟投资人交谈的时候，总是讲"工匠精神"，要精工细作、要注重细节。但这是要成本的，产品的价格贵到一定程度，你的市场很难走出北上广深，商业的可复制性也就没有了。比如，30元钱一杯的星巴克是无法下沉到小县城、小乡镇的。

如果你有"打江山"的手段，将效率做到极致，将价格压到最低,从一线都市到六线县城你都有办法让现存的、潜在的对手畏惧你,那才真正体现了你的能力。

温度型用户:各种各样的"生活小时刻"创造无限市场

如果说女性市场用户属于"精致型",下沉市场用户属于"土味型",那么还有一类特别重要的市场用户,那就是"温度型"家庭用户。

中国家庭正在实现网络上的"完全连接",消费者决策正在发生改变,从个人决策到全家决策,"家庭全员营销"将会获得很大的发展契机。不是每个人有了网络账户才能上网,而是家里有人上网,这个家庭就和网络连通了,至少在经济活动上已经和网络连通了。当前"421"的倒三角家庭结构,在很大程度上延长了生活消费的"决策链"。比如,家庭消费中,孩子经常能主导消费决定。好市多和山姆会员店这样的仓储型超市有一个经验数据:家长如果带着孩子来,会平均多消费高达 12 美元。因为孩子在选择商品的时候非常活跃,并且会直接转化成家庭的消费支出。比如,宝宝树的投资人郭广昌明确指出,"未来最重要的资产是家庭客户资产"。

和个人消费不同,家庭消费的核心是妈妈,然后是婴童、老人、宠物,最后是爸爸。以旅游消费为例,商务旅游是自己说了算,而个人旅游则要聚焦家庭的特殊性。瞄准家庭消费场景的营销策略,绝对不是当前的应急之举,更重要的是,这是在给消费市场大反转之前积蓄品牌势能。

在营销层面,我们如何帮助品牌客户发掘"家庭全员营销"红利呢?这里提供几点思路。

瞄准关键家庭成员，进行情感互动

美国电影中常出现"奶爸"群体，其实，他们在中国也已出现，他们不仅要承担照顾家庭的责任，还要会洗尿布、带孩子、做饭、采购等。针对这一群体，国内甚至诞生了服务新手爸爸的垂直社交平台——"网易云爸爸"，专门提供新手爸爸需要知道的信息，比如怎么逗宝宝开心、如何识别孩子的情绪等。

瞄准"生活小时刻"，开启"家庭全员营销"

现今电商平台特别重视通过社交网络，面向家庭全员营销，而不只针对大人或者儿童单点营销。具体做法是，更加重视用生活细节来打动用户，重视挖掘各种各样的"生活小时刻"，来建立和消费者之间的情感关联。比如，亚马逊已推出家庭共享愿望清单功能，明明向儿童推荐玩具，却将年轻的父亲当作主要目标，因为男人总会在不经意间暴露出孩童的兴趣；明明向少女推荐化妆品，却将她们的母亲当作主要目标，虽然她们的年纪已不小，但少女情怀还在。这种"细节营销"瞄准的，正是家庭成员的情感共鸣。

不是所有人都会表达出自己真正想要的东西，但是，如果你能巧妙地用其他方式触及他们的潜在需求，就会获得信任，而家庭关系正好提供了这样的线索。

推进多平台的社群营销

家庭成员有各自的媒体喜好，你要实现完美渗透，就要对多媒体进行有效整合。比如抖音的优势，在于帮助人们分享身边的有趣体验；小红书作为各类时尚、美妆博主的聚集地，主要通过内容进行导购；宝宝树聚集了大量宝妈宝爸，他们在平台上交流育儿经验，

第二章 新变量：扫描超级用户的 DNA

分享自己的购物心得、料理创意……这些都是切入家庭营销的重要入口，但没有被打通。

温度营销
- 瞄准关键家庭成员，进行情感互动
- 瞄准"生活小时刻"，开启"家庭全员营销"
- 推进多平台的社群营销

发掘"家庭全员营销"的思路

红人主播作为人格化的商业流量中心，最有机会将离散、低效的家庭消费场景整合起来。所以，如何运用红人主播的意见领袖作用，聚焦生活体验、重构家庭消费场景，将是国内广告行业的一次机会窗口。美国社会学家邓肯·瓦茨（Duncan Watts）在《小小世界》（Small Worlds）一书中就有精彩描述："小小世界，不断连接不同群体中不同个体的方式就是场景。不同群体中的不同个体被场景连接在一起。这种连接所创造的独特价值，会形成体验、促成消费，甚至创造个体生存意义。"

进阶方法论：如何培育你的超级用户

你知道美国最强的商学院在哪里吗？你可能有点意外，不在哈佛、耶鲁或者普林斯顿大学，而在西点军校。过去 50 年，西点军校已经向美国商界输出了超过 1 000 位董事长、5 000 位职业经理人。

西点军校历史上最年轻的校长麦克阿瑟，在研究古代著名统帅的经典战法时，非常推崇成吉思汗的"中央军团"模式。

近些年来，美国硅谷将成吉思汗的"中央军团"模式，广泛应用在科技创业、风险投资领域。

成吉思汗手下战斗力最强的"中央军团",人数在1万人左右,全部由贵族、大将等功勋子弟构成,由成吉思汗直接统领,他们还是亲兵护卫,这样安排有两点好处。

1. 贵族出身的人,如果能被领导好,将他们身上特有的荣誉感、使命感激发出来,威力是惊人的。

2. 将贵族、大将的后代牢牢掌握在自己身边,凝聚了民族力量,民族精英堕落、分裂的隐患得到控制。

成吉思汗的这个"中央军团",几乎决定了蒙古民族的命运走向,元朝的核心管理层几乎都出身于此。他们没落了,元朝也就败亡了。这种"中央军团"不仅是一种军事管理逻辑,也是一种商战思维模式。成吉思汗将最有价值的士兵,组建成"中央军团"为开疆拓土护航;而那些做得好的创业公司,都会与最有价值的核心用户,建立"特殊联系"为公司发展护航。

硅谷大佬彼得·蒂尔,将创业公司最忠实、最牢固的核心用户称作"中央军团"。彼得·蒂尔是脸书第一个外部投资者,当初看中脸书的是其最早一批核心忠实用户(哈佛大学以及其他名校的学生)。7~8年的时间,脸书最早的这批核心用户都成了美国各个领域的精英人士,他们的影响力帮助脸书的业务拓展至世界各地。

中小企业、创业公司尤其要重视"中央军团"思维,因为这是你的基本盘。什么是创业?不就是培育、扩大用户基本盘吗?

有什么样的核心用户,就有什么样的公司未来。核心用户可以分为5个层次。

"捆绑式"核心用户

你有没有发现,健身房、商务会所特别热衷于发会员卡?比如很多健身房,会员要比散客优惠30%以上,这么大的优惠幅度,当

第二章　新变量：扫描超级用户的 DNA

然有人愿意一次性交一笔费用办会员卡。等你办了会员卡，却发现自己并不会经常去健身房，因为健身房里就那几个项目，去三五次就觉得没意思了。健身房用那么大的折扣诱使你花钱办会员卡，也是一种"商业策略"。

健身房老板知道你只是三分钟热度，就设法让你的那"三分钟热度"尽量"热"起来，趁着热度消退之前把你的钱赚到手。一是健身房安排的男女教练，奔放、性感，可以瞬间激起你的冲动。二是本来费用是 150 元，健身房非要强调散客 250 元，你办了会员卡就只需 150 元。（人对已得到的东西是不敏感的，但是对可能失去的东西是非常敏感的。）

健身房、商务会所是在创造那种昙花一现的价值，等你付钱成了会员以后，就被动成了它们的核心用户。

世界上最善于"捆绑用户"的，是苹果公司。苹果产品越卖越贵，用户的忠诚度在被不断透支。它的每一款新产品，都有一些多余或者不够成熟的功能。但苹果就是有办法让你"一见钟情"，那就是一种诱饵——激发短暂的快感，之后是漫长的无聊。

可是，很多人还会给苹果产品昙花一现的价值买单。为什么？如果你现在换成安卓手机：一是你要重新适应，学习成本很高；二是你的手机、电脑、平板电脑之间的那种无缝连接和资料共享的体验，就会损失不少，更别提你还有很多数据在云端储存。长期以来，你不知不觉地被苹果公司"捆绑"。亚当·斯密在《国富论》（*The Wealth of Nations*）中也强调：按照现在的这种财富逻辑，它一定要生产越来越多用完即扔的东西，这样国民财富才会增加。如果生产的都是经久耐用的，经济增长是没法实现的。

"诱导式"核心用户

多年以来,商家捕获用户的常用手法,是不断提升运营效率、压低成本,甚至补贴用户以获取用户流量。低价,是对用户流量最好的诱导。因为路越修越宽、车越来越多,用高运营效率、低消费价格吸引用户,一段时间内是可行的。沃尔玛快速崛起,就是看到了一个大趋势——开车上班的工薪人士越来越多,他们对价格特别敏感,但不在乎路程远。

在沃尔玛创立之前,美国零售业的毛利率达45%才能赚钱,因为在最繁华的地方开超市才有用户流量,而这样做成本特别高。沃尔玛进行了小创新——将商场开到了城乡接合部,找一些仓库简单装修后就开业,大幅降低场租、店租。这样一来,沃尔玛在销售毛利率为15%左右的情况下就能赚钱。

小米的首席执行官雷军和"股神"巴菲特都看好的好市多,做法更甚——任何一个商品只赚1%到14%的毛利率,如果有商品的毛利率超过了14%,需要首席执行官特别批准。这样一家大型连锁超市,只需要6.5%的毛利率就能突破盈利点。

好市多主要做到了三点:一是瞄准中产阶级,美国有3亿人,它只服务其中5 000万人;二是店里商品琳琅满目,每个商品却只有两三个品牌,但非常精致,用户不用怎么思考就能直接选择,节省了很多时间;三是价格公道,好市多主要赚用户的"会员费",而会员用户也得到了绝无仅有的"物美价廉"。沃尔玛锁定的核心用户,是开车上班、对价格敏感的工薪阶层。好市多锁定的核心用户,是对生活品质、时间敏感的中产阶层。他们都是庞大的消费群体,而且很容易将用户流量"诱导"过来。

美团、饿了么也选择采取类似的策略,但它们面临的竞争形势

第二章　新变量：扫描超级用户的 DNA

已发生很大变化。平台之间、商户之间经过充分竞争，商品价格已经低得不能再低，平台、商户还要不断补贴用户以吸纳、维持流量。这导致整个餐饮产业链，几乎是整体亏损的。可见，目前开发"诱导式"核心用户的手段已经没有多大潜力可挖。

"享受型"核心用户

沃尔玛、好市多以及各种类型的电商公司，基本上要用账面上可见的好处来吸引用户，而真正具有强大用户黏性的，其实是更侧重心理影响的用户服务。

马云说过："服务是世界上最昂贵的产品。"亚马逊吸引核心用户就不是侧重便宜，而是服务。亚马逊在 2005 年就推出 Prime 会员服务，当时的会员年费是 79 美元，2014 年涨到 99 美元。会员最初享有花费任意金额免美国境内运费、产品出库后美国境内两日送达等权益。

后来，Prime 会员享受到的服务更加多样化，比如无限量的电视和电影节目观看资格、超过 35 万本 Kindle（亚马逊设计和销售的电子阅读器）电子书免费下载以及不时会推出的 Prime 会员专享活动等。更重要的是，亚马逊形成了强大的用户数据能力，通过技术创新实现更加智慧、精准、个性的用户体验创设。亚马逊几乎所有产品和服务升级，都是围绕 Prime 会员展开的，2017 年亚马逊首次公布 Prime 会员订单量（全年超过了 50 亿件）。

网飞也是如此，这个世界级的流媒体巨头市值已经超过迪士尼。网飞自己投资制作内容，原创剧《纸牌屋》曾引起热潮。它甚至一次性将一整季 13 集，全部开放给核心付费用户，这种超预期服务使平台吸纳了海量粉丝。你从网飞身上可以学到，如何快速吸纳粉丝，诀窍就 5 个字——超预期服务。所以，网飞每一次的会员费涨价，都会带动股价上涨，因为人们不会担心涨价会使粉丝流失，这恰恰证实了它的粉丝有多铁。

"网络型"核心用户

国内进行私募股权投资/风险投资（PE/VC）的投资人经常问创业者："做硬件，是否做得过小米？做平台，是否做得过腾讯？"腾讯是社交平台，而社交是刚性需求，容易形成用户黏性，更重要的是，平台不用投太多钱制作内容，用户本身就能吸纳新的用户。

社交媒体行业是每隔四五年就会出现大机会的，背后的逻辑就是人群的更替——新兴人群在新环境下，对新的自我表达方式的诉求。从QQ、微信最近公开的数据可以看出，它们作为年轻人的熟人社交工具，目前用户数量基本已经见顶，熟人关系链已经基本建立，年轻用户的兴趣、交友需求要有新的平台来满足，这才有抖音、小红书等新兴社交平台的崛起。

做社交App，对互联网创业者来说，确实有很大吸引力。不过，要建立一个能够沉淀海量忠实用户的成熟平台，就要真正理解"网络型"用户。"网络型"用户遵循著名的梅特卡夫定律（Metcalfe's Law），该定律表示网络价值与网络用户数量的平方成正比，即 n 个连接能创造 n 的平方量级的效益。比如优步连接了大量的司机和用户，形成了一个正反馈循环：想要打车的人越多，就会吸引越多的司机加入优步；司机越多，打车的人就越多。这是一个自我强化的正向循环，带来的不仅是用户沉淀，更是用户黏性。而且用户黏性一旦形成，四五年内难以撼动。

"股东型"核心用户

当今时代，品牌传播越来越社群化，即使品牌自己不经营社群，

第二章 新变量：扫描超级用户的DNA

用户也会创设一些话题，将相关品牌拉进社群、嵌入话题。而品牌主动在社群中发掘、培育核心用户，就至关重要。因为一个品牌的核心用户身上，一定存在某种优越感，如果你打破了他这种优越感，那么你的品牌也就没有价值了。

假如你进入一个社群，经常看到的，是一些人在打嘴仗、蹭资源、拉关系、发广告，你会不会有"被侵犯感"？这样反而会将潜在的核心用户赶走。为了杜绝这种情况发生，美国的汉堡王做了一个活动，如果你退群，我可以送你一个免费汉堡，将近3万人领了汉堡退群了，只留下8 000人，送汉堡也不走，他们就是"铁杆用户"。社群规模缩水80%以后，粉丝活跃度比以前提高了5倍，这些人给汉堡王提意见、出主意，做口碑传播，反而让汉堡王的声势更大。其中很多粉丝不仅是汉堡王的忠实顾客，还成了汉堡王股票的持有者。公司一旦跟核心用户形成共同认知，成为利益共同体，就可能产生意想不到的商业效果。

比如，销售空气净化器是一个很难做的生意，因为生产和运输周期长，如果没有足够大的订单，协调起来会非常麻烦。你不可能一台一台制造，一台一台运输，因为成本太高。小米得以打开空气净化器市场，是核心用户在出现雾霾时，不断炒热话题，直接要求雷军做这个产品，甚至帮他设计了产品方案，围绕产品的细节创造了大量话题，不断拉高热度，然后借组织团购，使这个生意做下去。

将核心用户作为公司的命运共同体，即"股东型"用户，是经营核心用户的最高层次。经济学家弗雷德里克·里奇海尔得（Frederick Richhald）的研究表明：重复消费的顾客在所有顾客中所占的比例提高5%，对于一家银行，利润会增加85%；对于一位保险经纪人，利润会增加50%；对于汽车维修店，利润会增加30%。零售和广告行业一般也遵从一个定律——20%的核心用户贡献80%的利润。

可是，多年以来，互联网思维一直在推崇"长尾用户"，即80%的用户哪怕很多只是凑个数、跑个量，但这类用户大量增加，也能造势。新用户大量增长的时代已经过去，现在应该重新回到"关注核心用户"的观念上来。

我们要努力将被动的"捆绑式"用户、"诱导式"用户，向有态度、有情感、有倾向的"享受型"用户、"网络型"用户、"股东型"用户引导转变，始终保持敏锐的好奇心，尊重他们并要懂得倾听。这些核心忠实用户对产品的需求会远远超过普通用户，并且非常敏感，邀请他们参与产品的设计、制造、营销等环节，可以获得他们对产品功能、情感投入方面的精准需求，这将给公司注入新的发展动能，加速未来的创新突破。哪怕将来经济、行业可能面临一定程度的萧条和冷淡，但是，有了强劲的基于核心用户的"中央军团"支持，公司、平台也将不断出现创新裂变。

第三章　新中心：除了赢得红人"流量入口"，你别无选择

几年以前，湖畔大学教育长曾鸣有过一个判断："在下一个时代，流量入口的天平很可能会向那些拥有大量'粉丝'的网络红人倾斜。"一场影响极其广泛的商业创新已孕育在持续进化的红人经济中。

基于此，我们要重新定义商业创新。商业创新的核心价值不在于科技，而在于效果。美国医疗行业平均薪水最高的，是麻醉医生。你可能觉得，麻醉医生的工作那么简单，不就是给病人打一针让他睡觉吗？可是，麻醉医生的工资为什么不会降低呢？麻醉医生会说："其实，我打针是免费的，我收的费用和我拿的薪水，是打完针之后看着病人，不要让他因为麻醉或手术出血而死，并保证他们在手术结束后能安全醒过来。如果你认为我的钱拿多了，也没有问题，我可以打完针就走。"

像麻醉医生那样，打针是免费的，打完之后如何控制、激发效果，是价值创造的核心重点。商业创新也是如此，不是让你研发多么伟大的技术，也不用你做多么高深的内容，而是你的技术、内容，要使更多人有感觉、有想法、有兴奋点。

商业创新，就是控制、激发商业效果。这个特别重要的商业效果是什么呢？是流量入口。从大的趋势上判断，"流量红利"已接近枯

竭，这是没有争议的。结合各方数据来看，我们可以看到两个趋势。

1. 新增用户急剧减少。

最近几年，国内智能手机的总出货量已出现明显下滑，个人计算机出货量前几年就没有增长，而智能手机和个人计算机是互联网的最主要载体。

2. 用户时间接近触顶。

目前，国内成年人平均花在数字媒体上的时间，接近 6 个小时，这已经接近极限，很难再有大的增长。

只要你滑动手机界面，"世界"便在你眼前呈现，各种 App 和自媒体带来的信息泛滥，使你我的时间和注意力，越来越不够用。当今这个"关注力稀缺"的时代，微博、微信、抖音、快手以及各种新的社交 App，都在设法满足用户获得信息、消费内容的需求。那么，用户在这里停留时间长了，在别的地方停留的时间就短了。新用户的数量已难有大的增长，此时，大家在竞争什么？在争夺用户时间。流量，就是用户时间。

国内互联网公司的流量争夺，主要经历了以下 3 波浪潮。

2012 年以前是第一波浪潮，流量集中在如百度、新浪、腾讯、网易等巨头公司手里，你要做线上营销，就要到这些网站上购买广告位，然后获取流量。

那时，很多巨无霸公司的扩张模式是：第一步，花钱买流量；第二步，进行补贴并融资（看谁补贴更多，融资更快，布局更大）；第三步，合并、垄断，实现赢利。这种模式今天很难复制，因为流量现在的价值比几年前涨了 10 到 20 倍，第一步购买流量就被卡住了，而且就算买来流量，要维持住，也不容易。

2012 年到 2015 年是第二波浪潮，出现了一些新的互联网头部公司，包括微信、微博、快手、抖音，它们使相当一部分流量分散到了个人手里，比如个人的朋友圈、微信群、微博账号或抖音与快手账号。微博年代是小米崛起的时间窗口，小米真正在商业意义上用好了微博流量，既做了品牌，又做了宣传，还做了客服，同时积累了粉丝。

2016年之后是第三波浪潮，流量逐渐凝聚到个人（网络红人、自媒体人）手里。比如，红人（意见领袖）推荐在美妆、母婴等消费领域已经是主流手段，而其在旅游、育儿、留学咨询等垂直领域的潜力也不可估量。

对于一般的中小企业、创业公司来说，不可能有大笔预算去做营销，而会选择低成本、网络化的产品推广方式。比如你在北京开一家餐厅，要选择搜索引擎、门户网站去推你的餐厅，恐怕你的餐厅是存活不下来的。你做任何一种线下实体店，在搜索引擎上购买流量时，其实是和其他几个商家同时出价，谁的出价最高谁就买走相应的关键字，营销成本非常高。这时，如果有人帮你匹配北京当地的美食红人，他们愿意创作文章，愿意分享自己的私域流量给你，你可能会以相对较低的成本，就能有非常好的收入。

互联网时代的信息传播，更偏重私人化、情感化。对于80后、90后消费者来说，接受一个有趣的人（红人），比接受一个单调的品牌容易得多。

变局：现代商业正在进入"红人范式"

最近10年，很多创业者、企业主不缺钱，有资源、有洞察力、有手段，但是他们始终特别焦虑，害怕自己误判趋势、看不懂年轻人。或许你没有犯任何错误，但还是输了，因为自己不再年轻。

过去，你出去与人谈生意，名片上印着"微软""国际商用机器公司""华为"就很有面子。

现今这个时代，已经是"个人大于公司"，甚至是"个人主宰行业"。对于头部红人主播来说，睡觉似乎都是在浪费时间。近年来，很多人讲"智能制造""机器换人"，2018年中国卖掉的机器人总价值在50亿美元左右，经过汇率换算，大概只相当于几倍薇娅的销售业绩。

这些冰冷的数字背后是什么？是"势能转移"。个人即生意，个人即品牌，公司沦为配角，平台沦为配角。那些红人IP已经赢得了"势能"上的优势，就会像黑洞一样将所有资源都吸过来，成为压倒性的赢家。

近10年，商业势能的转移、转换主要经历了3个范式。范式这个概念，简而言之，是这个时代共同接受的一套认知论、方法论和信念。这里，我们将其概括为平台范式、算法范式、红人范式3个阶段。

平台范式

谷歌和脸书的广告收入占据全世界互联网广告收入的60%左右，红人资源带动了绝大部分的线上流量，但他们的收入水平跟平台相比，几乎可以忽略不计。

国内的网络流量曾经集中在门户网站（网易、新浪、搜狐）上，很快，又转向搜索引擎（百度）和电商平台（淘宝），不久，社交网络（微信、微博、抖音）成了流量主宰。可是，转来转去，平台始终是最大受益者。

品牌公司要做营销，要么在电商网站、门户网站上买广告位，要么在百度上买关键词，或者直接向腾讯广告充值（买"整套的推广服务"）。反正是一笔投入，一笔回报，没有投入就难有流量。

"流量红利"始终在平台手上，平台占尽了好处，品牌难以形成"势能"上的优势。

算法范式

几年前，智能商业成了中国商业一次巨大的范式进化。比如淘宝给用户看什么商品，不是企业管理者个人决定的，而是由机器来定，打开 App，不同的用户看到的是不同的首页、不同的推荐。淘宝开始关注通过数据精准跟踪、预测用户行为，实现产品和品牌的精准布局。

今日头条可能比淘宝更有算法优势，毕竟，淘宝的智能推荐是卖货，多少会触及用户的"防御心理"，而今日头条主要用内容捕获用户。就像美国作家尼尔·波兹曼（Neil Postman）的著作《娱乐至死》（*Amusing Ourselves to Death*）中所言："每个人都会有自己的生活惯性，沉醉在自己乐于接收的信息中，所以，机器算法仅用一堆数据、几个关键词，就能轻易锁定一个人大部分的消费行为，甚至所有的金钱支配方式。"

算法范式的厉害之处，在于只让用户看自己喜欢的东西，这种沉迷、这种惯性与日俱增，以至于用户有了依赖心理，仿佛逃不掉了。这样一来，以前核心媒体的广告位置不再是稀缺资源，如淘宝、今日头条这些公司的机器算法，可以精准匹配各种广告资源，因为机器、软件可以轻松辨别每个人真正喜欢什么。

红人范式

当下，平台范式、算法范式的商业势能还在，毕竟还能锁定一部分的流量资源，但红人范式已逐渐成了大势所趋，正在引发一场商业革命。

红人经济——发掘新消费爆点

近年来，外界普遍相信这是一个"个人崛起"的时代。过去，个人要向上跃升，有很多台阶要爬，比如你要考上985大学，或者拿到大城市户口，或者考上公务员，没有这些台阶，你就很难有阶层上升的机会。

而如今，没有什么可以阻止一个人的突然崛起，不管你原来的身份是什么，那些带货红人主播创造的惊人商业回报，几乎与学历、户口、工作、历练没有关系。目前来看，"个人崛起"背景之下中国商业的迭代和进化，逐渐成为一场红人创业者的圈地运动，即圈住粉丝流量，主导商业趋势。这场圈地运动有两大看点。

红人与平台，谁更重要

中国商业环境的独到之处，在于头部红人主播，而平台渐渐丧失主导力。各大平台之间的激烈竞争，都在争取借助强势的红人主播留住粉丝和用户。平台对部分强势红人IP形成依赖，必然会有很大程度的资源倾斜。

红人主播、平台逐渐形成对等的局面，尤其是李佳琦、薇娅这些头部红人已经赢得"势能"上的优势，几乎成了平台对外输出的一个标签，足以撼动平台。这些强势个人品牌对消费者的凝聚力换来了平台的低头，这是中国商业环境不同于欧美国家的重要一面。

更关键的是，电商才是李佳琦、薇娅等红人的最大商业兑现方式，淘宝、京东商城对孵化红人的投入极其大方（都是10亿元级别的），相反，抖音、小红书、快手等平台还要面临专业电商平台争夺头部红人的激烈竞争。

红人与智能商业，谁更重要

现今主流电商范式已经不是由"机器主宰"了，甚至一点也不智能，你看那些带货红人主播的"社群电商"，以及拼多多的"社交电商"，虽然人工智能还在发挥作用，但是人重新回到了主角的位置。

很多一线的红人主播并不智能，相反，特别消耗体力。比如，李佳琦最高日销售额 10 亿元＋，但他不是靠机器智能，而是每天中午 12 点到下午 5 点选品，晚上 7 点到次日凌晨 1 点直播，之后卸妆、总结、复盘、看各种美容资讯，凌晨 4 点睡觉，那些业绩完全是用诚意、体力做出来的。

有人做用户调研，问用户为什么选择李佳琦卖的货，而不是直接上天猫、京东商城去买。第一个答案是"周围人都在说"，第二个答案是"多数人都在看"，第三个答案是"身边人都在买"。这就是势能上的优势，打多少广告也换不来。这时，消费市场的寒冬也会有热潮，只要有了这个强劲势能，就能轻松甩开竞争对手。

格局："职业红人"的商业版图在哪里

曾经，有媒体机构专门做了一个选题：明星失业以后，会去做什么？

Angelababy 脱口而出："去卖馒头。"

王源（TFBOYS 成员）是重庆人，喜欢吃火锅，他说："不做艺人，会去开火锅店。"开火锅店后，自己不仅想吃就能吃，朋友来了，也能在一个包间里玩得尽兴。

王俊凯的回答很务实，想开一家服装店做老板。

毛不易说自己想做房东，因为房东不用工作，睡觉后都有收入。

岳云鹏说自己想做淘宝店店主，卖特种内衣。

你以为这些明星是说着玩儿的？2019年的数据显示：大约2 000家影视公司关门，65%的演员没有任何影视剧播出。2020年更是影视行业的逆风时刻，明星"失业潮"已不是新闻。迪丽热巴曾在一档综艺节目上说："今年我已经8个月没有拍戏了。"同样，上一代偶像明星霍建华也自嘲"我失业很久了"。明道在参加《演员请就位》时透露，已经大半年没有演过戏。

一线明星纷纷失业，背后原因很多：有的年纪偏大，被新人替代；有的绯闻损害人设，影响主角地位；有的因为非科班出身，演技一般；有的因为对片酬期望过高，正在观望……

不过，现在最普遍的说法是"红人打败明星"。重金打造的娱乐明星，为何输给草根红人？近几年来，消费市场出现了两个现象。

一是明星红人化。最近几年，很多重金打造的影视明星选择"跨界"做主播，给消费品牌带货，他们有流量、资源，拜托圈内好友推广造势，可是大多效果不佳，带货业绩甚至输给了"职业红人"。

二是红人品牌化。你要是看过红人直播卖货，流量变现的节奏之快可能超乎你的想象。比如，台湾综艺主持人吴宗宪曾经惊叹：大陆网红卖货打破纪录，3个小时卖了2 500万元人民币。不过，这个纪录是短暂的，很快会被打破，单日带货金额"破亿""破10亿"的战绩不断被创造出来。

过去，消费品牌要借助明星的流量和资源，现今，网络红人普遍倾向于将自己打造成一个品牌。HEDONE（一个创意美妆品牌）的创始人原本是一个红人彩妆师，后来做出了自有品牌，并迅速做成爆款，获得澎湃资本、红杉资本的青睐和融资。完美日记诞生不到4年，就一路超越许多国际大牌，迅速逆袭成为国货彩妆的头部品牌，而且也获得资本捧注，估值 10 亿美元。

为何明星给消费品牌直播带货，败多胜少，那些"职业网红"反而奇迹不断呢？

策略各异

这里，我们将"流量带货"的操作策略分为两类：浪尖和长尾。

浪尖（从 0 到 1 到 N 一气呵成）是巨浪（用户流量），"最顶尖处"是最活跃、最有热情的那一小群人，我们要抓住他们，迅速将产品卖出。薇娅、李佳琦属于这种策略。波浪来得快、去得快，但我们不能指望一个商品长期持续销售，所以要抓住铁杆粉丝的三分钟热度，快速实现商业转化，然后等待、营造下一波热度或者浪潮。

长尾（从 1 到 N 细水长流）多数时候是风平浪静或者小风小浪的，某个时候，用户突然需要一个商品又突然想到了你，才开始考虑购买。传统影视明星就属于这种策略。传统影视明星代言品牌或者投放广告，更加看重长期持续销售和目标用户的广度。至于如何创造"激情的瞬间"，快节奏地实现商业变现，他们显然不如草根红人。

明星红人化	→	从0到1到N一气呵成	→	抓住最活跃、最热情的小群，快速变现
红人品牌化	→	从1到N细水长流	→	看重长期销售与目标用户的广度

消费市场的两种策略

重金打造的影视明星，为何输给一些草根红人？95 后、00 后消费者，因为从小就接收网络信息，在信息爆炸的环境中变得冷漠，一般"低密度的爽点"根本刺激不了他们。新一代的年轻人，大脑对刺激的忍耐度、需求度在不断增加，即用户的心智在飞速迭代。

草根红人不像影视明星那样，追求高曝光、广覆盖，而是瞄准一个细分人群、一个细分领域，营造"高密度的爽点"，然后一次性商业变现。

从"流量红利"到"品类红利"

明星正在丧失"流量红利"，红人（意见领袖）正在赢得"品类红利"。官方数据显示，中国内地互联网用户数超过10亿规模，日均在线时间接近6个小时（流量触顶）。其中，影视剧、明星八卦不再是用户花时间最多的项目。现今，国内用户6个小时的日均在线时间，1.5~2个小时在社交聊天，1个小时在浏览资讯，而短视频和红人直播占了1.5~2个小时，所以留给明星发挥的时间并不多。

什么是"品类红利"？新兴品类的红人不断被发掘出来，成为新的流量中心。过去主要是大众红人，很多是"白富美"，擅长即兴表演，讲话特别有意思。最近几年，网络红人已经从最初的大众红人向美食、母婴、美妆、体育等细分领域扩展，近一两年，红人客服、红人导购、红人厨师、红人教师等成为亮点，三百六十行逐渐被红人化。李佳琦就是起步于红人导购，逐渐成了大众网络红人。

"流量红利"正在消失，"品类红利"仍在持续。红人（意见领袖）的内容输出，越来越有信息量，越来越接近商业变现需要。目前，国内有几百万人做"职业网红"，成为"品类红利"的真正受益者。有关数据显示，2019年中国网络直播用户接近5亿，20%以上的职业主播月收入过万。快手旗下的电商数据显示，拥有100万以上粉丝的快手主播，2019年的交易量增长了9倍，而拥有20万以上粉丝的快手主播，同期交易量增长了34倍。

第三章 新中心：除了赢得红人"流量入口"，你别无选择

各个层次的红人主播借助新经济、新媒体手段快速崛起，并持续发掘"品类红利"，将激发出来的网络流量迅速、精准赋能给消费品牌，他们构成了现代商业绕不过去的关注中心。

终局：红人始于"叛逆"，渐成潮流，最终回归主流

用一句话描述红人（意见领袖）的成长路线是：红人始于"叛逆"，渐成潮流，最后回归主流。有人说雷军是网红，而雷军主要学乔布斯、马斯克，而乔布斯、马斯克主要学约翰·列侬（John Lennon，"颓废审美观"的代表人物）和嬉皮士（西方国家20世纪60年代和70年代反抗习俗和当时政治的年轻人）。他们的灵魂深处都有各自的"叛逆"。年轻时的乔布斯深受约翰·列侬的影响，他们都是我行我素，反传统，不合作，后来他们都深刻分析了各自所在的时代，结果产生了颠覆性影响。《硅谷之火》（Fire in the Valley）认为，叛逆是硅谷成功的最重要因素。早年的罗伯特·诺伊斯（Robert Noyce）和戈登·摩尔（Gordon Moore），现今的乔布斯、马斯克和特拉维斯·卡兰尼克（Travis Kalanick，优步的创始人），这些红人首席执行官都打破了一些传统的东西。

红人崛起的最大动力源于哪里？是叛逆。一波巨浪过来，浪尖的部分是"潮"——代表个性、叛逆，涌在下面的是流，潮流已经是大众化的。最成功的那些红人主播，就是抓住了浪尖的"潮"的那部分。

社会中的主力消费群，年龄在16～35岁之间，他们喜欢用自己的生活方式，表达自己的个性，而消费品牌是这其中的主要工具。比如，很多女生每天打扮得像乖乖女，但总有那么一天，她希望自己和平常不一样，想换一种风格，希望牛仔裤是破的，妆容是暗黑

的。只要她想把这个想法、心理暗示呈现一次，就可能成为一些网红品牌的粉丝。

可是，真正特立独行的人是孤独的。那些红人粉丝只是"小范围的抱团取暖"，相互寻找认同，激发小圈子的骄傲。所以，红人大多与"小众"联系在一起，网红品牌一般做不大。那些红人首席执行官，包括雷军、乔布斯、马斯克、卡兰尼克，最初都是将自家品牌当网红品牌来做，做大以后，渐渐就主流化了。老板很"网红"，但产品趋于主流。

雷军过去强调设计上的炫酷科技，现在，更加关注基础硬件（比如功能芯片）。乔布斯的注意力长期在产品设计上，后来发现供应链才是苹果公司的生命线，所以找的接班人是供应链专家蒂姆·库克。马斯克最红的那个时候，设计了各种稀奇古怪的科技产品，但在漫长的产品线阶段，工程师和技术工人才是他最倚重的。卡兰尼克用了 2~3 年时间"颠覆"了出行行业，接下来的 5 年或更长时间，要协调各方利益，融入主流社会……

同样的道理，红人卖家在成长的不同阶段，有不同的重心：如果你还在吸粉、给别人的品牌带货的阶段，那么叛逆一些是必要的，这样更容易引爆爽点，吸引公众的注意力；如果你已经有自主品牌，卖自己的产品，那么你就要管理好供货，你要在供货的品质、成本、速度中寻求一个好的平衡点，这是你对粉丝的承诺；如果你将小众品牌做成了大众品牌，那就要考虑如何融入主流社会，而这需要在很多地方中规中矩，而不仅仅是让粉丝爽起来。

在红人卖家成长的路线中，最有爆发力的那一段，一定是叛逆的时候，但是要长久走下去，你还得渐渐靠近潮流和主流，在不同阶段踩准节奏，才能行稳致远。

第三章 新中心：除了赢得红人"流量入口"，你别无选择

进阶方法论：如何打造你的红人"流量中心"

有人认为"红人经济"是去中心化的，也对，也不对。红人经济时代，不会允许少数几个中心化的平台垄断一切流量利益，但也不是不需要中心，每一个红人主播其实就是一个中心化的节点，而千万个红人主播的商业崛起，就改变了过去平台垄断的局面。

小到创业公司的品牌社群，大到平台公司的流量引导，都要靠中心化的流量入口作为抓手。比如，创业公司构建自己的品牌社群，其实就是构建一个中心化的节点——管理员是老大，接着是红人或者版主，再接着是比较活跃的用户，最后是偶尔进来浏览的用户。从过去的网络论坛（BBS），到现在的微博、抖音、快手，都是在不断培养中心化的红人节点，持续创造话题，创作优质内容，然后在更大范围内互动、分享。比如，QQ和微信作为社交流量入口，天猫和淘宝作为电商流量入口，一定要形成大的闭环，这样商业生态才能转动起来。过去，流量的势能集中在百度、阿里巴巴这些平台手里，现今逐渐向红人主播和博主倾斜。

有一位投资人说过："只要你在势能上建立10倍优势，就足以引起一场范式革命。什么是范式革命？可以这么说，哪怕大刀、长矛是黄金做出来的，也不敌破铜烂铁铸造的洋枪洋炮。"

在李佳琦、薇娅等人的商业范式之下，过去智能商业、算法推荐创造的商业能量，可能只算得上镀了金的大刀、长矛。如同过去蒸汽机可以驱动汽车满街跑，但无论如何，也不能驱动飞机上天，只有跃迁到内燃机阶段（几乎放弃了蒸汽机原理），飞机才可以上天。化学燃料火箭可以将人类送上月球，但化学反应不论释放多少能量，人类也无法冲出太阳系。

时至今日，红人 IP 的商业运营开始逼近高成本的临界点，孵化头部红人与打造明星的成本差不多高。一是内容制作的成本越来越高，现在制作一个优秀短视频的成本不亚于拍摄一部网络电影，想成功非常难，不是不可能，但是你的投入比过去高很多。二是粉丝服务的成本越来越高，一两年前，一名红人主播的即兴个人发挥，可以轻松吸引大量关注，现今则需要一整支团队的支持。

不过，红人经济的"品类红利"仍在持续。世界的大趋势越来越同质化，昨天的风格可能是今天的标准。重点是，如何发掘新的红人特质。一些红人主播仅靠有辨识度的颜值、台词、场景动作，嘻嘻哈哈地就把产品卖出去了，这更多是一种营销方式，并不是一场范式革命的真正内核。

由红人（意见领袖）主导的商业势能转换，主要有五大破局点。

如何定义自己，决定你能红多久

曾经，在国内要想走红、出名，主要靠经纪公司包装，后来主要通过参加选秀，现今是成为网络红人。这个时代，出名不算难事，难的是如何定义自己，这决定了这个人能红多久。

美国最大的红人 IP 无疑是特朗普，他做过航运公司老总、房地产大亨、传媒大亨、电视主持人，后来当选了美国总统，写过一本书叫《做生意的艺术》（*The Art of the Deal*），在美国销售了 300 多万本。他还经历了 4 次破产，最严重的时候负债高达 9 亿美元。特朗普无疑是一个气质独特、个性鲜明的超级个体，岁月的沉淀给他做了深刻的定义，美国至少 1/4 的人口是他的铁杆粉丝，而且长期牢固。

国内可以红过 5 年以上的母婴、厨艺、教学等领域的优质红人，尽管不像薇娅那样一日带货 10 亿元＋，但因为坦诚稳重、长期沉淀

第三章　新中心：除了赢得红人"流量入口"，你别无选择

和持续输出，对自身有了深刻定义，往往对粉丝有牢固的黏性，不用担心新人崛起，替代自己。

如何靠价值观取胜

社交网络 1.0 时代，看重"阶层过滤器"。脸书崛起初期的主要对手是 MySpace，它的实用性、用户数远远超过脸书。当脸书只是一个校内社交工具的时候，MySpace 已经开始拓展海外市场了。但是，很长一段时间，脸书给新加入的用户设定了一条规则：用户必须是哈佛学生，并使用校园邮箱注册。后来在推广过程中，它也是优先瞄准常春藤院校的学生。我们应该注意到，脸书最早是一个"精英过滤器"，然后逐渐成了一个面向世界的"阶层过滤器"。

社交网络 2.0 时代，看重"价值观过滤器"。以 Instagram、色拉布、TikTok（字节跳动旗下的短视频社交平台）为代表的新社交网络帝国为何会快速崛起？抖音、快手何以快速对微博、微信展开奇袭？不是用户喜新厌旧。抖音、今日头条、快手都是算法优先的，就算你已关注一个红人主播，但下一次你如果不刻意点击，也无法看到这个红人主播的更新内容，后来的用户更容易通过优质内容显露出来。优质内容作为一种社交货币，起到了"价值观过滤器"的作用。

相比之下，明星作为社交资产的价值不大，喜欢某位明星的粉丝，大家是难以判断他和哪些人是品味接近的。明星可以有人设，因为他们是面对所有人；红人必须做自己，因为他们只面对脾气相投的人。发掘新的网红品类，其实也是在传递你自己的价值观。快手的首席执行官宿华曾经说过："什么是网红算法？就是把你的价值观自动化。"

如何构筑红人（意见领袖）自己的流量护城河

"股神"巴菲特有一个评价上市公司的视角——叛逃成本。比如，给你多少钱，你愿意换一种口红？可能10元钱的促销就让你把自己的口红品牌换掉了。那么，给你多少钱，你愿意换自己的手机号、银行卡？可能给3万元、5万元，你也未必肯换。

你每换一家银行，都需要填写很多表格，更换工资自动转账的指令，注销按期支付水电费、孩子学费、有线电视使用费的指令。如果你有住房贷款，即使银行对你有些不友好，你也会忍气吞声。你的叛逃成本特别高，这就是银行的护城河。

那么，粉丝的叛逃成本有多高，才足以构成这个红人的护城河呢？粉丝的叛逃成本，就是离开这个红人会失去什么，一般会失去两个"福利"。一是最短路径爽点。以前大家在电商网站上购物，都会看参数、图片、描述、评论，花时间花精力，但主播能让你看到口红涂在嘴上、衣服穿在身上，这样更真实、更好玩。离开了这个红人主播，你就不会这么快有那么多的爽点。二是最大的优惠幅度。那些头部带货红人因为量大，可以拿到更多的优惠福利，同样的品牌产品，别的主播卖，可能没有这个规模经济，就没有这个折扣。

如何激发消费者的瞬间购买欲

任何场景之下的销售，都怕买家思考太久。买家一思考，就有了防御心理，你再推广，反而可能使买家产生排斥心理。红人主播的那种娱乐、好玩，在最大限度上消除了买家的防御心理，降低了他们的思考时间。正如美团创始人王兴所言："多数人为了逃避真正的思考，愿意做任何事情。"

第三章 新中心：除了赢得红人"流量入口"，你别无选择

马化腾非常推荐的一本书是 *Don't Make Me Think*，翻译成中文是《别让我思考》。如何应对用户的防御心态和敏感度，也是一个红人主播的核心能力。

如何与用户产生同理心

粉丝为何愿意长期追自己喜欢的红人主播和博主？只有一个原因——认同自己。红人主播和博主一定是这群粉丝的品味代言人、思想代言人。

在《呼啸山庄》（*Wuthering Heights*）中，女主人公凯瑟琳（Catherine）的未婚夫是一个完美的男人——年轻、俊美、活泼、富有而且知书达理，但她最后却选择了一个下人。凯瑟琳对奶妈倾诉道："我爱他不是因为别的，而是因为他比我更是我自己。不管我们的灵魂是用什么材料做成的，他和我的灵魂都是同一种材料。"你要比你的粉丝更像他们自己，有同理心、同位感。

美国现在与马斯克齐名的网红首席执行官萨提亚·纳德拉（Satya Nadella，现任微软的首席执行官），有一个重要的特质是拥有同理心。纳德拉的儿子患有先天性脑瘫，在照顾儿子的过程中，纳德拉逐渐形成了强烈的同理心。他认为，照顾和帮助那些无助的人的时候，你会突然发现另外一个世界和自己的另外一面，即让自己能够拥有一种东西。跟正常人打交道，你往往不太需要同理心，因为他会主动表达自己。但是对一个特别无力的人，如果你不能全心全意地去帮助他，他完全是无能为力的，他甚至会把你的无力激活，所以同理心是一种特别重要的洗礼——精神洗礼。

纳德拉曾经接触过一款网红音乐产品，因为他的儿子喜欢音乐，但由于先天性疾病，无法自己挑选音乐产品。那款网红音乐产品是3名高中生一起设计的一款应用，用来帮助残障人士控制音乐。纳德

拉将这种同理心带到了微软新的软件开发中，更加注重人性化，老牌的微软也开始出网红产品。

《21世纪商业评论》的主编吴伯凡说过："什么是人工智能？人工智能就是世事洞明、人情练达。"商业最终要回归到人性、人情的视角之下。过去20年，中国互联网商业从平台范式、算法范式，过渡到现今的红人范式，这正是一场人性回归。红人范式的最大价值，也无非是填补了现代商业的人性、人情空白。

第四章　新支点：社交消费时代的社群裂变

几年前，国内有很多人打算在硅谷周边地区买房子，但很快发现问题。硅谷及周边地区的房地产价格十分奇怪，有些地方隔一条街，房价却相差 3 倍。

如何准确地给一套房子估价呢？不同房屋中介公司给出了不同的数据、不同的说法，差异很大。买房子毕竟花的不是一笔小数目，稍有不慎，可能会吃大亏。怎么办呢？有人分享了一条经验：中国的房价主要取决于城市、地段，美国的房价主要取决于社区、社群。针对房子所在的社区，你要看社区停车场里停的是什么样的私家车，因为汽车象征着这个社区住户的身份和品味；你也要看社区的孩子去哪里上学，孩子受教育的情况反映了这个社区住户的愿景和层次；你还要看社区住户平时订阅什么报纸、杂志，这代表了他们的认知能力。

如果社区居民都是有身份、有很强认知能力的，那么，这个社区就有更高价值、更好前景，在这里买房是"贵得合理"，是很划算的。现今回头来看，这个判断是正确的，很多国内的硅谷购房者遵循这一思路，不仅得到了很好的房产增值收益，更收获了生活品质和人际资源。

中国已经进入一个人均 GDP 超过 1 万美元的发展阶段，现在中国人做很多事都是为了更高的精神追求。比如社交或者消费，投入了时间和金钱，更多是为了得到一种角色认同。而不同的社群之间会有不同的身份认同，背后人与人之间独特的沟通方式，在不停塑造着一种社交关系、一种社交货币。

有人说过，任何产品要有1 000万用户，这个生意怎么做都有理。因为社区、社群凝聚了粉丝，如今的创业，基本上是粉丝经济——只要喜欢你的人足够多，你一定不会"死"。如果你开一个产品发布会，有8 000人、1万人到场力挺你，你的影响力就类似于乔布斯在美国的号召力。

那些铁杆粉丝跟你是同路人，长期与你在同一个网络社区、社群里互动和分享，会产生各种情感、观点的共振，这是你至关重要的无形资产。

起点：不"种草"无商业，因为你要帮用户找"买东西的灵感"

最近几年，"种草"已经替代了"收藏""加购物车""心水"等电商词语。用户喜欢什么，想要什么，直接"种草"。什么是"种草"呢？就是帮用户找"买东西的灵感"，把草（灵感）直接种在用户心上，拔掉就会心疼。

当今时代，消费越来越社群化，即使消费品牌自己不经营社群，用户也会创造一些话题，将你拉进社群、嵌入话题，就看品牌能成为怎样的草，是否可以种在用户心里。线上社群的运作方式，是红人（意见领袖）以话题、内容来凝聚粉丝，粉丝驱动声量[①]，声量

[①] 该词源自传播领域，用来描述与衡量信息传播的影响力大小。——编者注

引导消费。社群商业、粉丝经济，特别适合开发那种"需求始终存在、目的并不清晰的消费用户（尤其是女性用户）"，最佳策略就是种草。

这要从整个互联网商业的大格局说起。过去，市场普遍认为"互联网的本质是关系和连接"。全世界最大的租车公司——优步没有一辆出租车，全世界最热门的媒体——脸书没有一个内容制作人，全世界最大的住宿服务商——爱彼迎没有任何房产，全世界最大的零售商——阿里巴巴没有库存。你只要拥有虚拟世界里的一个ID，就能玩转网络上的各种App。可是，你有没有发现，多数互联网App的商业转化都是针对两类极端用户——强目的性的用户和几乎无目的性的用户呢？

强目的性用户的商业转化

强目的性用户对自己的需求非常了解、非常清晰，比如在优步上就是叫出租车、在爱彼迎上就是租房、在亚马逊上就是购物、在谷歌上就是搜索信息……他们几乎不在意页面做得漂不漂亮、格调是否高雅，只要价格合适，效率更高，以及页面操作更加流畅。服务强目的性的用户，目标要清楚，比如亚马逊、京东商城在物流、供应链上做了大量投资，70%以上的订单可以做到24小时之内到货，用订单规模来摊薄运营成本，用极致的成本和效率让竞争对手知难而退。

可是，强目的性用户的最大弱点是没有忠诚度。易到用车的首席执行官周航的一个朋友私下表示："我对你的忠诚度就是10元。用易到和别的打车软件打车，如果差价是10元以内，我会选择易到。如果差价超过10元，不好意思，谁便宜我选谁。"

无目的性用户的商业转化

如果你有很多闲暇时间，比如在地铁上、睡觉前，微信、QQ一定可以帮你消磨时间，同时它们也聚集了大量用户流量（获客成本极低）。然而，这个用户流量的商业转化存在很多局限。用户进入，没有任何明确需求，就是来打发时间的。你想将这些流量向电商购物转化，难度很高，因为场景不对。服务无目的性用户的网络社区，包括腾讯、天涯、豆瓣、马蜂窝等，引导网络社区用户做产品交易（或者品牌广告），效果都不是很好。但是，将这些流量向游戏、电影、读书转化，效果往往不错，因为这些都是休闲需求。

最难做商业转化的那类用户——需求始终存在、目的不太清楚，因为游移不定，只有通过网络社区、粉丝经济进行经营。比如，女生买裙子，她们有大概的需求，但并不明确。她们要多看、多逛、反复比较、精挑细选，逛了20家店、看了100条裙子，结果只买了一把太阳伞。这类消费用户其实占了消费市场的很大比例，但她们不适应京东商城、亚马逊的服务模式，只适合像小红书、西五街那样的平台。比如，亚马逊、京东商城有一个很强的产品目录检索功能，而西五街、小红书相对弱化了这个功能。你在西五街、小红书搜索信息，都会出现一大堆产品和品牌，几乎不会过滤无关信息。

女生买东西基本上不是要快速找到自己想要的，而是这里看看、那里看看，看看有什么她不知道的，有什么她没见过的，看得多了，就会忍不住买一样。她们心中想要得到一些东西，结果会购买另外一些东西。

马云对女性用户十分了解，而且对淘宝进行升级，使之成为"一个娱乐公司"。阿里巴巴的最新数据显示：每天晚上有2 000万名女性用户在淘宝上逛，什么也不买，就是逛——她们是在找"买

第四章　新支点：社交消费时代的社群裂变

东西的灵感"。这也是为什么淘宝投很多钱搭建社群，渐渐向小红书靠近。红人在与粉丝的互动、分享中帮用户找"买东西的灵感"，就是在帮用户种草。

| 强目的性用户 | → | 需求清楚：价格合适，效率更高 | → | 亚马逊、京东商城的阵位 |
| 无目的性用户 | → | 需求模糊：始终想买，犹豫不定 | → | 西五街、小红书的阵位 |

商业转化

落点：KOL 的社区商业

过去，国内的电商公司、营销公司特别看重数据，只要数据足够多，就能清晰地知道用户喜欢什么。可是这只能找到用户，不能增加用户。社区、社群的真正价值，不是发现用户，而是增加用户（至少是引导用户）。

社区、社群的真正价值是增加用户

现今，你的消费记录、移动支付或转账记录、每天出现在哪里、每天走多少步、喜欢去的餐厅、面容特征甚至每天的心态和情绪等如此庞大、多维、即时的数据都已被掌握，你整个人就像在显微镜下被人观察。

大数据可以给用户精准画像，互联网可能比你自己还了解你。精确的用户画像可以带来精确的品牌营销、广告投放，降低了营销成本。可是，在"成为 App 用户"与"成为消费者"之间存在一个巨大的空白，这当中的黄金地带就是粉丝经济，而粉丝经济的核心就是红人 IP。

日本的剑圣宫本武藏说："即使面对千军万马，你要斩杀的其实只有你对面的一人。"红人主播、重要用户等，就是社区、社群的中心、粉丝经济的动力引擎，以及创造用户的黄金地带。

社区、社群是增加用户的起点，现今是一个朋友圈"说了算"的时代，营销已不是烧钱打广告，而是做口碑、做社群。社群的真正价值在于筛选出高欲望、高质量的粉丝，与粉丝协作进行品牌营销。

未来品牌竞争的关键，是构建粉丝社群。"高价值粉丝"可以分为两类：一类是基础用户，他们能帮你提高阅读数，购买你的东西；另一类是重要用户，你要靠他们扩大影响力，甚至要靠他们帮你创作优质内容。营销不是烧钱，而是要准确找到种子用户，让他们帮你传播。

优步在社群运营上的做法更加直接到位，它就瞄准 3 类人：有留学背景的华人，媒体人和从事公关、奢侈品行业的人。这 3 类人的共同点是社会关系广，能很快把其他人带动起来。

从"网络社区"到"线下社群"

时至今日，特别明显的行业风口已难以再现。而社区团购算是近年为数不多的一个亮点。社区团购，直观理解是围绕一个线下社区（哪怕是临时的），以近距离社交为起点，发起团购。比如，你一天当中和家人、同事待在一起的时间最长，在工作时段，公司同事就可以形成一个面对面的临时社群。哪怕你不用微信、QQ，也能发起团购。

> 2019 年年底，"钱大妈"宣布完成 10 亿元的 D 轮融资，计划在 2020 年新增 1 000 家店。"钱大妈"的核心武器是红人导购员。每一个导购员就是一个带货红人：每天

第四章　新支点：社交消费时代的社群裂变

早上都有"超划算的爆款产品"用于巩固铁粉，用户的复购率也因此提高；每天晚上 7 点，准时发布打折信息，尤其是"包场价"信息，即剩菜可被低价打包拿走；还有有意思的日常群运营，比如上午发天气预报、本地新闻早报等信息，中午饭点发做菜小视频、美食等内容，定时发问候红包（现金＋菜品折扣），用于培养用户习惯。

不是头部红人主播才叫网红，将导购这个职位红人化也可以刺激社群的裂变。依靠红人导购策略，消费者心智逐渐被"钱大妈"深度渗透。《创新者的窘境》（The Innovator's Dilemma）的作者克莱顿·克里斯坦森（Clayton Christensen）曾这样形容颠覆式创新（disruptive innovation）：把一个很贵的东西做得很便宜，把原来一个很难获得的东西变得很容易获得，把原来一个很难用的东西变得非常简单。

这是什么意思呢？就是只要突破成本的门槛、专业学习的门槛、麻烦的门槛，就能释放压抑已久的消费需求。而粉丝社群的商业开发、线上与线下联动，将成本、麻烦、沟通障碍压缩到极致，就必将出现"零风口时代"的创新点。

局点：营销重构之路，从"一级一级筛选"到"一级一级影响"

现今时代，用户的获取入口不仅是流量，因为一个路人、一个事件、一个话题也可能聚集海量用户。人群靠什么聚集？在远古时代，是以地域、血缘、宗族为纽带聚合；在移动互联网时代，则是以价值观、兴趣为导向聚合。

要实现大量、牢固的用户积聚，就需要找准最有效的社交驱动力。不同背景的平台有截然不同的社交驱动因素，比如社交电商平台拼多多，是靠持续输出"经济实惠"，你的交际圈子通过拼团打折或者"砍一刀"打折，成为带来实际优惠的社交资产。比如瞄准二次元人群的 B 站，建立了一种契合 90 后、95 后、00 后人群价值观的话语体系，因为他们可以轻松找到同类，在自己个性的不同维度上进行自我探索。

一旦融入社群，"群体无意识"会迅速代替"个体有意识"，群体容易受暗示，在情感的夸张释放中实现一致性价值取向，并进行购买。粉丝社群是"去中心化"的，不用任何领袖就可以实现自发动员。粉丝社群也是"中心化"的，因为红人（意见领袖）给社群确定了调性。红人调性和社群规则，构成了一个高价值社群的基本框架。

红人定调性

《紫牛》（*Purple Cow*）是美国经典的营销著作，为什么该书以《紫牛》作为书名呢？就是要"与众不同"。平常的奶牛是黑白色的，即使是一头很好的奶牛，也同样是黑白色的，人看久了会产生视觉疲劳。但是一头紫色的奶牛出现，你会眼前一亮，觉得与众不同，还想着告诉别人："我今天看到了一头紫牛！"李佳琦、李子柒作为国内顶尖的红人（意见领袖），哪一个不具有"紫牛"特质？李佳琦是导购员出身，谁会想到导购员的职业前景会是大众明星，甚至比明星还红，并创造了卖口红的吉尼斯世界纪录呢？李子柒是特别普通的一个女生，在大城市的职场上不顺，才回归乡村生活，却将乡土风情传遍全世界，这当然与众不同。这些红人（意见领袖）

因为自己调性鲜明，给粉丝社群定了调性，甚至在商业化的过程中给很多消费品牌定了调性。

规则升热度

网络时代的经典思想著作《失控》（*Out of Control*），曾经提出了互联网发展的一个规律：去中心化的个体由下而上形成了一个更大的系统，只需要设置大系统的框架规则，不再控制每个个体，而这个系统就像一个生命体一样，能够产生大于所有微小个体之和的运转和发展规律甚至智慧。

在一个粉丝社群中，每一个人都围绕社群的大规则展开行动，在分享、互动中炒热话题，实现价值观的表达，并产生互相的联结，这就不是"失控"，而是一个"去中心化"的自运营状态。大家自发创作内容，自发地创新，这股势能与消费品牌结合，可以给消费品牌注入极大活性。

为什么粉丝社群会给品牌营销带来如此大的改变？传统营销接触用户的过程，是漏斗型的一级一级筛选用户，先要广泛地搜罗用户，然后从众多用户里进行精准定位，找到并影响目标用户，从目标用户里筛选出潜在用户，再找到普通用户，最终获得忠诚用户。

社群营销接触用户的过程，是宝塔型的一级一级影响用户，要先找到忠诚用户，通过忠诚用户找到并影响普通用户，通过普通用户再去影响潜在用户，最终扩大并影响目标用户。传统营销是越筛选越小众，社群营销是越影响越大众。

如今，很多公司通过社群营销，并利用公司的资源"自产"红人主播。比如 Keep 是一款移动健身 App，推广初期就基于"人人都是 KOL"的推广策略，运营团队的所有人在产品上线前一个月，就开始活跃在各种 QQ 群、微信群、网络论坛、贴吧及豆瓣小组里，通过长期转发高品质的健身经验帖子，再通过长期和用户沟通交流，最终成为社群里的意见领袖，得到极高的关注度。KOL引导粉丝社群自发创作优质内容，引导传播流量，在这个大框架下，内容即产品，内容即流量，内容即用户。

进阶方法论：如何构建你的"粉丝营销"资源池

不知你想没想过一个问题：罗永浩"粉丝"过千万，锤子手机在网上人气特别高、话题性很强，为什么实际销量十分惨淡？"粉丝营销"是要将"高人气"转化成"高销量"，可是这当中究竟有哪些障碍，或者需要什么技巧呢？

罗永浩是国内第一代"网红"，十几年来，他做过博客网站、开办过英语培训机构，现今做锤子手机，从事的都是一个时期最热门的领域。他通过超高的"相声水平"和很强的个人影响力，积累了大量粉丝，他的微博粉丝超过1 500万，直逼雷军（1 700万）。可是，雷军已将小米手机做到销量全球前5，而锤子手机至今也只是一款小众产品。

这个时代，社群的裂变使品牌与用户的交互成为常态。罗永浩和雷军都是其中的高手，但两者的际遇大不相同，这当中有哪些特别重要的微妙细节呢？

深度发掘粉丝商业价值，用"卡位"取代"定位"

"粉丝营销"不同于传统营销，企业过去是运用定位、对位、卡位这套组合拳来做营销，这个顺序是不能颠倒的；而现今的"粉丝营销"不需要定位，第一步就是卡位。卡位和定位有什么区别呢？

定位是传统思维，从产品的角度出发，对市场进行细分，然后

第四章　新支点：社交消费时代的社群裂变

瞄准目标用户，寻求精准的广告投放。不过，市场定位有一个前提，就是你清楚地知道市场在哪里，知道谁是目标用户，而这是很困难的。

智能手环刚刚上市的时候，苹果、三星也不确定市场在哪里，只是将其和手机一起卖，结果销量惨淡。难道苹果、三星不懂定位吗？不是。现在的用户需求已很难猜透，很难做到准确定位。但小米手环一上市，销量迅速增长，很快做到世界第一。小米一开始就没有做"定位"，而是粉丝帮助做好了"卡位"。很多铁杆粉丝告诉雷军，智能手环只有做成什么样子、达到怎样的性价比，粉丝才会愿意购买。以前的智能手环功能很多，但销量一直上不去，后来小米把手环的很多功能都去掉了，功耗大幅下降，手环可以30天不充电，小米手环开始大卖。这完全归功于"粉丝的教育"，雷军事先不需要做产品定位，而是由铁杆粉丝来协助"产品定位"，这就是"卡位"。

卡位是围绕粉丝的需求进行设计，直接让粉丝帮你定位。所以，小米卖电饭锅我们能接受，但要是华为也卖电饭锅，你肯定接受不了，因为华为没有这类粉丝帮其做市场铺垫。在社交营销已经非常成熟的今天，"卡位"显然要比"定位"更符合营销实战需要。

做好营销"卡位"的最大前提，是你有铁杆粉丝，如果你自己就是红人或者有红人帮忙，那是最好不过的。如果你和红人不沾边，那么，哪怕生拉硬拽也要建立你的铁杆粉丝群。比如，做湖南米粉的互联网企业霸蛮，就是创始人请50个朋友，每人找40个对湖南米粉感兴趣的人试吃，就这样找到了2 000个种子用户。如果不能将熟人（粉丝）服务好，又怎么去说服陌生人呢？

另外，卡位最好针对蓝海市场。比如，小米火了之后，其他手机厂商想运用小米的方法，肯定是无法超越小米的。因为社交媒体上围绕某个话题的活跃用户就那么多，小米已经让这部分人变成了自己的粉丝，你用同样的方法争取同一部分人，难度肯定特别大。如此看来，很多人做"粉丝营销"很可能第一步就输了，因为卡位太考验眼光、洞察力和行动速度了。

找准"粉丝营销"的 5 个维度

做"粉丝营销"的直接目的，是希望将粉丝转化成付费用户，通过口碑，带动更多付费用户。雷军和罗永浩都是一代网红，粉丝规模相差不大，可是在"粉丝营销"的实际效果上，小米手机可以做到年度销量过亿，而锤子手机距离千万销量还有很大距离。当然，你可以说这是两个品牌的市场定位不同，可是这个"市场定位"何尝不是"营销能力约束下的无奈选择"呢？

回到具体问题，即如何让你的粉丝"活"起来？一些自媒体人已经做到 10 万+，甚至百万+的粉丝关注，但内容阅读量只有几百或者几千。很多高大上的品牌明明已经是高知名度，面对粉丝活跃度的低迷也一样束手无策。你的粉丝只关注、不活跃，这是怎么回事？有机构分别面向粉丝和自媒体人做了调查，以发掘粉丝活跃度低的具体原因。

从自媒体人的角度来看，主要有 4 个原因：一是推送的内容不够优质，不能体现品牌调性；二是关注的粉丝数量不足；三是关注的粉丝本身就不是活跃用户；四是营销成分太重，广告植入太多。

从粉丝的角度来看，主要原因有 5 个：一是账号没有人格化；二是没有引导粉丝互动的习惯；三是粉丝的互动行为没有得到及时反馈；四是植入广告的同时没有给粉丝想要的利益点；五是只强调品牌信息传达，不匹配对应人群。

如此看来，"将粉丝激活"是一个不断使粉丝找同类，还能产生很多惊喜的过程。人格化账号（亲切感）、引导粉丝互动（亲密感）、

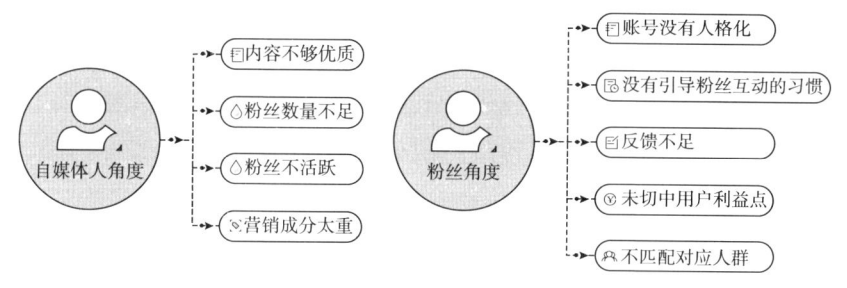

第四章 新支点：社交消费时代的社群裂变

```
自媒体人角度 → 内容不够优质
            → 粉丝数量不足
            → 粉丝不活跃
            → 营销成分太重

粉丝角度 → 账号没有人格化
        → 没有引导粉丝互动的习惯
        → 反馈不足
        → 未切中用户利益点
        → 不匹配对应人群
```

粉丝活跃度低的原因

对互动行为及时反馈（受尊重）、提供合理的利益点（有惊喜）、营销更加精准（找同类），是做好"粉丝营销"的 5 个思考维度。

其实，要做好"粉丝营销"，集中做好一个个"小群"，就能赢得很多机会。有人选取新浪微博近 5 万名用户的社交图谱进行分析，结果新浪微博这类大型社群价值最高的，其实是其中的很多小社群，因为用户活跃在小群中，更容易受到小群体的影响。用户活跃在"小群"中进行分享、传播，引起了明显的社交传播结果和转化结果的现象，叫作"小群效应"。社交平台的"营销红利"往往源于这种"小群效应"。

粉丝运营最好针对一个个小区域、一个个小群体，扎扎实实地做深做透。比如北京望京这个区域就可以成立专门的社群部落，将特别关注这个区域的粉丝聚集起来。望京本身就是这些人的最大共识，天然就有亲切感。望京每天会发生很多事，又跟自己息息相关，群主与粉丝之间、粉丝与粉丝之间就有很多互动机会，很容易形成亲密感。对于群主来说，对粉丝进行反馈的过程，也是自己获得信息的过程，粉丝是在帮你关注望京的大事小事，你也有动力与他们互动，同时能使他们感受到尊重。如果把关注望京的粉丝群做好，大家找到了同类、有归属感，那里的几百家餐厅，就能有千万元的收入，这是最实际的精准营销。你将望京商家最新的优惠信息、折扣活动分享给粉丝,或者粉丝相互分享,会有不断的惊喜。这样环环相扣,不用激活,粉丝本身就会持续活跃。

投射情感、寻求认同和确定归属

在电影《减法人生》里,面包店经营惨淡,店员对老板说:"在微博、微信上,我们要创新,不能总发那些干巴巴的东西。"后来他们给每个糕点都配了一个感人的故事进行推广,过了一段时间果然销量大增。粉丝不可能永远对你忠诚,他们的眼光会越来越挑剔,他们只会为那些真正有价值的优质内容买单。那么,什么样的内容才能真正打动粉丝呢?

新媒体内容传播的背后有三大效应。

1. 投射效应——粉丝会把自己的某种梦想、欲望和快感,投射到红人主播身上,粉丝会认为被关注者的经历等同于自己的经历。

2. 认同效应——红人主播的言行和价值观会给他人树立榜样,让粉丝产生幻想,认同他们的人格魅力。

3. 归属效应——根据马斯洛的需求层次理论,人的心理需求从低到高分为5类,包括生理需求、安全需求、归属需求、自尊需求及自我实现需求。"粉丝关注"是在满足哪个层面的需求呢?是归属需求。

投射情感、寻求认同和确定归属,是面对粉丝进行内容产出的3个阶段。归根到底,人是有情绪的,理性很容易被情绪打败。所以,普遍的做法是内容要反复出现那些普遍的情感,如愉快、痛苦、悲伤、感激等。无论你是出售化妆品的,还是写心灵鸡汤的,都要有这些内容。

当然,情感驱动、引发共鸣,并不是内容产出追求的最终目标。因为粉丝的忠诚度,起始于情感共鸣,稳定于价值观共鸣。什么是

第四章　新支点：社交消费时代的社群裂变

价值观共鸣？就是把自己的思想交给别人，相当于一次意识催眠，你一旦陷入，将很难逃脱。马云的强项就是营造价值观共鸣，他每次在阿里巴巴对员工讲话的时候，常会发表长篇大论，但他会把讲话内容总结成两句话，然后反复说。他是在喊口号吗？不是。马云是在"输出价值观"，用最简单的表述，在人们的心智中"扎入钉子"。

攻克"社交蒸发冷却效应"

现今是一个朋友圈"说了算"的时代，营销已不是烧钱打广告，而是做口碑、做社群。一般人认为做社群，无非是拉拢一些对产品感兴趣的人，并且越多越好，这样方便做广告。可是，这样真的有效果吗？其实，社群的真正价值在于筛选出高欲望、高质量的粉丝，与粉丝协作进行品牌营销。未来品牌竞争的关键，是构建粉丝社群。

构建社群的最大困难，不是吸引更多粉丝，而是绕不过去的"社交蒸发冷却效应"。在粉丝社群中，成员的价值跟液体的温度类似，当温度较高的液体蒸发变成气体时（价值最高的成员离开社团），剩下的液体的平均温度就会下降（社团的平均价值会进一步降低）。随着社群中人数的增加，最有价值的成员会感觉到整个社团的平均水平降低，于是他们会选择离开。他们的离开又会引发更多高价值成员的离开，所以最终这个社群会沦落成一个平庸之地。

是什么造成了粉丝社群的"蒸发冷却"呢？答案是开放。"高价值粉丝"更乐意去封闭的圈子，因为那里才都是跟自己水平相近、能够平等社交的人。换一句话说，做好粉丝社群，关键是"尊重粉丝的身份需求"。

为什么脸书能够迅速成为全球最大的社交营销公司？因为脸书在消除粉丝社群的"蒸发冷却"方面选择了一种"大杂院模式"。

在脸书之前，有一家社交网络公司采取"广场模式"，它的社交软件可以随机显示陌生人的信息给用户，就像在广场上任何人可以和其他人接触，而陌生人的素质参差不齐，很多用户感觉被打扰了，体验很不好，渐渐就弃用了。脸书的做法与之相反，在一开始的产品设定上，就让用户感受不到陌生人对自己的影响，因为用户只能看到自己关注的那个小区域，这就是"大杂院模式"，用户只能在自己的院子里活动。脸书从开始到现在，用户规模增加了500倍，但用户体验并没有下降。避免社群的平庸化，是脸书提高社群粉丝活跃度和发掘粉丝价值的真正秘方。

准确实现"粉丝的类聚和分群"

将"粉丝营销"的技巧加以运用以后，一定要根据数据反馈做出方向矫正、策略调整。这个"数据反馈"主要有两类：后台数据和销售数据。类似京东商城、拼多多这样的大型平台，都是"先数据、后内容"，系统化地给粉丝做出定位。它们的内容后台有对应的用户分析/粉丝分析，了解人群特征之后，才能更好地针对人群产出他们感兴趣的内容。如地域性的消费风格，不同消费阶层有不同的关注信息点，不同的年龄层有不同的消费需求，这都是因地制宜、因人而异。如得到、锤子科技这类网红公司主要通过定期举办活动，用门票收入来验证粉丝忠诚度。得到 App 的创始人罗振宇每年都会做一次跨年演讲，出售门票并不是为了赚钱，而是为了获得真实的反馈，形成良性循环。如果没有票房、赞助、版权费，在商业上不成立，说明"粉丝与你的关系还不够铁"。

在"粉丝营销"方面，腾讯社交广告强调"选网红、找用户、玩内容、做监测"4步法，分别从"数据分析、精细化营销、定制创意、优化策略"等维度进行深入整合。目标是锁定粉丝及潜在粉丝群，实施精准营销，尤其是创意要到位，在粉丝关注点与网红特点的结合上进行定制化创意，这样更容易打动粉丝。

对粉丝做好数据监测的关键，是进行"粉丝的类聚和分群"，这也是经营粉丝社区、实施精准营销的必要步骤。基于用户社交行为及互动数据，我们可以将粉丝分为"闲谈者、较真者、点赞者、圈内人、价值发掘者、一致利益伙伴"6个大类，"闲谈者、较真者和点赞者"更多是贡献了关注时间，这很重要，可以帮助品牌根据广告实时投放数据，评估粉丝转化效果，调整营销策略；"圈内人、价值发掘者、一致利益伙伴"有意愿深度参与品牌的传播和企业的发展，是最重要的高价值粉丝。

传统公司做品牌营销大概分3步：给品牌讲一个好故事，构建销售渠道，将设计好的产品与销售对接。你有没有发现，这3个步骤是孤立、割裂的？"粉丝营销"要借助各类红人（意见领袖）的影响力，因为他们自己就是品牌，而且直接面对用户，去掉了中间环节，实现了营销的最佳成本效率。

铁杆粉丝直接帮你做市场定位，这样你猜错市场需求的风险大大降低，你可以根据粉丝的需求设计产品，也可以通过网红去影响粉丝，氛围就被营造出来，这种"情感互动＋商业互动"更符合人性，用户更喜欢，很多人的消费欲望就会被刺激出来，市场也就做大了。

"粉丝营销"最终还是归结于"物以类聚，人以群分"。大家在属于自己的社群里，做出适合自己的表达，体验最好，也最有商业价值。小众产品都很有用户黏性，因为圈子小，大家就会有一种"只有我是，你却不是"的优越感。而且这种优越感只要喜欢就可以，不用费太大的力气。良性的"粉丝营销"必将是符合人性的社群化商业，将同类聚集在一起，是开发商业价值最实际的长效策略。

中篇

直击商业落地策略

第五章　新货架：内容胜出领先于产品胜出

有人研究过世界各国电视台的广告收费，发现电视台广告收费最高的时段，是天气节目之前的几分钟。据说，每年央视广告收费最高的时段，是《天气预报》前的一分钟。关心天气，是公众的刚性需求。于是，有人将电视台的这个广告策略搬到手机上，开发运营了非常棒的天气App，很快吸纳了海量用户。奇怪的是，没有品牌愿意进来打广告。为什么呢？因为用户打开App，看一眼天气情况就走了，停留时间不超过10秒钟。从"观看"到"关注"，再到"记住"，即"用户的心思会停留多久"决定了你的实际商业价值。

油管（YouTube）的高管经常说一句话："你在货架上看到的产品品牌，都是激烈竞争之后的胜出赢家。"意思是说，内容胜出领先于产品胜出，因为留住了"用户心思"，优质内容已经是品牌产品的一种"新货架"。

在当今中国的商业语境下，好的内容、好的内容创作者（红人）本身就是一个"新货架"。国内很早就有这样的声音："内容比广告更具有说服力""广告以优质内容的形式输出将是大势所趋"。因为媒介变了，资讯模式从电视过渡到手机视频、新闻客户端，以及微博、抖音、快手这些平台。不像广播电视时代，电视台播什么你看什么。现今各类新闻App、社交App、视频App上，有趣的内容很多，用户对观看的内容有明确的选择和兴趣点，怎么会有人主动去看广告呢？

当你的微信联系人超过1 000个以后，你每天被大量信息淹没，面临人际关系的过载。当你的手机界面闪现形形色色的内容时，你似乎感觉"世界和时间从你身边呼啸而过"，记忆已成了稀缺产品。

现在不要说"看广告的机会"，连"筛选好内容的时间"也极度稀缺。最后是什么结果呢？腾讯、今日头条、优酷这些平台不断抓取你的兴趣点、兴奋点，不断升级算法，对你进行精准的内容推荐。在信息过载、记忆稀缺的大背景下，新的关注载体逐渐走向用户的视觉中心——内容和红人（内容创作者）不再是品牌的配角，而是事实上的"新货架"。

传统的品牌经营，都是将内容（文案、短视频）、明星红人当作侧翼，品牌是主角，一切创意、策略都是为了推品牌。时至今日，一切都颠倒过来了，红人及其创作的优质内容正在走向中心，品牌反而要靠边站。

新一代消费者消费的不是产品的功能，而是一种内涵、气质和身份象征。很多迅速崛起的新锐品牌经过优质内容的承载，匹配红人作为它的品味代言人，销售势头起来很快。这似乎是一个红人和内容（货架）比品牌更有用的时代。

年轻一代的消费行为，正在被红人和内容重塑。因为好内容更容易刺激消费者的兴奋点，消费者看到后觉得好，马上就可能下单购买，而不是需要时才去选择品牌。因此，消费的决策链条大大缩短，而且购买的决定更容易被确定下来，交易效率得以大大提升。

当今时代，人们的消费决策已经不再是以品牌为中心，而是由红人（意见领袖）、朋友推荐、算法推荐（如今日头条、脸书）和品牌共同构建消费决策的四大维度，其中3个都与"红人＋内容"

相关，品牌相对不那么重要了。

商业架构：这是一个看人下单的镀金时代

直播电商逐渐走向前台，是2018年年底李佳琦、薇娅的商业影响力的集中引爆。从淘宝直播的发展脉络看，平台重金打造薇娅和李佳琦实际上是一个招商行为，吸引更多的商家去淘宝上进行直播。就像淘宝当年发起"双11"活动，核心目标可能不是打折吸引流量，而是要使更多的品牌入驻天猫平台。

此后一两年，中小商户纷纷涉足直播商业，哪怕2020年2、3月疫情期间，入驻淘宝直播的中小商户也超过了三位数的惊人增长。很多品牌公司除了老板亲自直播带货，内部也分拆成新的部门，孵化红人导购。

尤其是抖音、快手这类短视频平台的快速崛起，几乎所有人的闲暇时间都可以形成新的流量聚合。在这个过程中，任何好的话题、好的内容甚至好的表情包，都可以作为一种新型货架，带动产品销售。

当今这个看人下单的红人经济时代，每一个内容账号的背后，每一个红人IP的背后，都是一个细分消费市场。年轻一代的主流消费者通过社交分享，进行了基于人与人之间信任关系的购买。淘宝的直播带货，快手的达人卖土特产，小红书的红人种草，西五街的新品测评和拼多多的熟人推荐，都是看人下单（而非看品牌下单）的逻辑。面对红人直播的崛起态势，你可以选择一种宏观、长期的视角看待行业发展，那么很多现实中的奇迹也就不那么难理解了。

业内有过一个判断：一个传统企业一年要做10亿元销售额，至少需要1 000名员工；一个互联网公司一年要做10亿元销售额，至少需要100名员工；一个头部的红人IP一年要做10亿元销售额，只需要 10 名客服。

快手在 2018 年上线了自己的红人直播电商，大概一年时间，快手的交易量已经突破千亿元规模，可以排到中国电商前 5。抖音主要是红人广告收入，根据公司官方数据，2019 年度抖音一年的广告收入超过 600 亿元，已经相当于整个腾讯集团的广告收入（仅阿里巴巴一家每年就要给抖音 70 亿元的营销费用）。

众所周知，快手的红人带货主播主营"老铁经济"，就是把自己定位为用户的老朋友、自己人。快手粉丝收到的最常见回复是"来了就是一家人"。10 亿量级的淘宝主播薇娅强调，自己不想追求人设，而是希望呈现自然的状态，说直播间推出的每一款商品，都是自己亲自用过才推荐给粉丝。红人主播的"真实感和亲和力"，正在颠覆当今主流消费群体的认知习惯——"认人消费"挺好，可以忘掉品牌。董明珠和雷军早就透彻地理解了这一点，他们通过经营自己的红人 IP，将格力、小米品牌人格化，希望让新一代的主流消费者既认人，也认品牌。

要素建构：红人"带货奇迹"的背后，你该注意哪些问题

行业内很早就有一个段子："社交媒体平台变成了交易平台，电商网站成了广告媒介，广告媒介成了内容生产者，数据科学家变成了广告人，广告公司变成了科技公司。"

很多创新科技与平台的重要商业价值，就是建立产品与消费者之间的推荐机制，这是一个前沿的问题，也是一个古老的问题。马克思在《资本论》（*Capital*）里说："从商品到货币是一次惊险的跳跃。"其实，从产品到消费者，也是一次"惊险的跳跃"。

曾经以门户网站（搜狐、雅虎）为标志的点击时代，以搜索引

第五章 新货架：内容胜出领先于产品胜出

擎（谷歌、百度）为标志的搜索时代，直至今日以红人电商为标志的红人时代，都是推荐机制的效率升级。

简而言之，搜索引擎比门户网站更有效率，红人直播比搜索引擎更有效率。红人直播带货模式的效率跃升，本质上是把钱花给创作内容的人（红人），而不是花给通过中心化流量做分发的人。

未来10年，90%的营销费用一定会花在红人身上。因为你最终想要的，不是平台或者功能，而是让产品、消费者之间的连接效率更高，让中间没有价值的环节全部淘汰掉。

目前看来，红人"新货架"的商业势能主要由3个部分来承载：各类社交平台承载红人内容传播，淘宝、京东这类电商平台承载红人产品交易，天下秀这样的红人赋能平台承载红人商业赋能。

头部红人阵营已经趋于稳定，具备议价权的头部红人仍会存在，他们将持续成为品牌的销量"兴奋剂"。但是，红人带货模式将会在品牌公司层面深度细分，长期看来，品牌将倾向于培育自己的带货主播，甚至老板本人的第二职业就是直播带货。

红人直播并不必然带动很大的销售量，这当中有各种专业的细节。比如，你出售的是服装、鞋帽，夏天到了，你还能销售夏装吗？哪怕夏天刚开始，整个行业早已做好布局，销售周期已经基本接近尾声。这个时候，你再去销售这样的货品，风险会非常高，而且你很容易猜错流行款。所以，你需要真正懂时尚的红人提早帮你整理好选品的思路，并提前帮你对接粉丝。

比如，零食消费、在线知识付费行业发展很快，但是，这是需要很多年的长期深耕的，红人直播可以在品牌、声誉的积累之下，帮你实现最后的临门一脚。

比如，美妆这个类目很热，毛利率也很高，似乎可以承受较高比例的红人抽成。但这里的核心逻辑，其实是供应链和社群。如果供应量不多，对品牌的议价权不够，是很难做的。这个行业的最常见做法，是持续经营社群，帮助品牌沉淀老用户。而红人恰恰是社群的中心，是话题的主导者。

现在不断增加的衣食住行需求，有了非常多的细分领域，在这些细分领域里，那些有社交资产（红人资源）、有粉丝的品牌公司会得到更加强劲的发展，那些没有储备好自己社交资产、没有自己粉丝的消费品牌，逆风时会非常脆弱。

策略重构：首席执行官自己就是公司品牌的"最大货架"

中国商业的现实趋势，是"红人流量"已经明显超越"品牌流量"。如果打不过竞争对手，最好的办法是加入对方。2020年，在国内旅游业的最艰难时刻，携程的首席执行官梁建章亲自穿古装直播带货，完成了三亚、贵州、湖州等地的旅游直播。同期，银泰在失去大量线下人流量的艰难时刻，迅速将商业的重心搬到了线上，从一天不到10场直播到每天开播300场，变身主播的导购数量从50人激增到5 000人，导购直播3小时服务的人数相当于半年接待的客流。很多中小企业、创业公司几乎可以抹掉广告预算，因为首席执行官自己就是公司品牌的"最大货架"。有首席执行官亲自上阵直播卖货后直言："比开会还累，但值得。"

这个时代的首席执行官都要拥抱直播卖货，不一定要实现多少销售额，最重要的是，赢得需求洞察上的话语权、产业链上的主导权、公司命运上的主宰权。

赢得需求洞察上的话语权

近年快速崛起的喜茶、完美日记，几乎都是首席执行官直接主管内容团队，每天在网上与消费者接触，沉淀更多源于用户的意见，这就有了在需求洞察上的话语权。什么意思呢？现在人们一想到万科和王石，就会想起红烧肉；一想到格力和董明珠，就会想起格力手机的屏保；一想到雷军，就会想到他的英语"Are you OK"。对于80后、90后消费者来说，对一个有趣的人的接受度，会顺其自然地转为对一个有故事、有情感的品牌的接受度，这就是软实力。

经过多次转发、传播，这些红人首席执行官不仅给企业省下了巨大的广告开支，也让年轻消费者觉得自己和他们贴得更近了。这个商业效果是不能用带货量来计算的。

老板自己就是红人IP，绝对能给企业加分。全球五十大公司中有一大部分的首席执行官在社交媒体上活跃，如股神巴菲特、通用电气的韦尔奇、苹果的库克、脸书的扎克伯格、传媒集团的默多克，他们都是个人风格鲜明，又喜欢和粉丝互动。老板直接面对公众，不再像以前那样端着、冷冰冰的，而是做真实的自己。而做真实的自己会带来什么？答案是真实的粉丝，与粉丝产生更直接的共鸣，能把真正喜欢你的一类人聚集到一起。

赢得产业链上的主导权

红人直播带货给消费市场造成的影响，不只是销售规模，还有产业链的运行逻辑。多年以前，比尔·盖茨曾经表示："要么电子商务，要么无商可务。"可是，现在已经不是B2C（企业到消费者）模式了，而是用户直接绕过商家，从供应商那里买东西，甚至自己做供应链。红人直播带货给电商运营效率带来了革命性的升级。

中国已经拥有世界上最成熟、最庞大的供应链体系，只要中国充分启动产能，全世界都不会缺少消费品。但是，从这个大格局上看，高效灵活的供给、需求的精准对接能力仍然稀缺，这关系到如何撬动供应链来支持你。

企业销售大多与社交网络、红人 IP 结合，甚至老板直接直播带货，实质上是在重构电商的运营效率。传统模式下，产品要经过层层经销商、渠道商才能到达消费者手中。电商可以省略环节，加快物流和资金流，但这个过程还是有损耗的。如何切中小群体的个性化消费需求？如何高效调动产能、资金和资源精准对接需求？传统电商还是无法做到的。

老板主动直播带货，主动参与内容创作、与粉丝（消费者）对话，这种迅速收集消费需求、汇拢资金、按需生产、分发商品的模式，效率远高于传统电商。毕竟，红人首席执行官要比一般红人主播更理解自己公司的核心专长和调度能力。

赢得公司命运上的主宰权

什么是首席执行官的领导力？杰夫·贝佐斯认为，公司发展最难的部分，是要使大家感觉"老板特别给力"。举个例子，美国的电商平台在每年的圣诞节前后特别忙，会有海量的订单，堪比中国的"双 11"。你知道贝佐斯怎么做的吗？他亲自到库房与工人们一起配送货物，而且直接安排救护车停在仓库的外面，因为工作强度太大，员工要是出了状况，可以方便送到医院。

越是逆风时刻，老板亲自直播卖货，越能赢得公司命运的主宰权，这就给出了一个清楚的信号："老板都直播带货了，这么上进，你为何不积极跟上？"这不仅是一种广告效果，更是一种"全员营销"的动员能量。在任何公司，没有谁能像老板那样，对自家产品、团队、故事、底蕴知根知底，灵活处理资源，满足消费者的好奇心。

```
                  ┌─→ 👑 人格化IP          ←→ 赢得需求洞察上的话语权
首席执行官亲自      ├─→ 🚀 升级电商运营效率   ←→ 赢得产业链上的主导权
上线直播           └─→ 👥 对全员营销的动员   ←→ 赢得公司命运上的主宰权
```

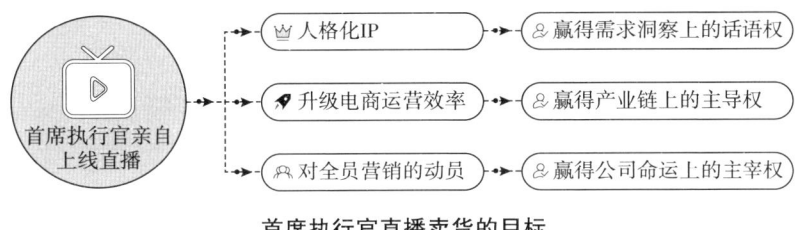

首席执行官直播卖货的目标

可以预见，未来红人直播带货将会成为很多公司的新常态，而老板直播带货也将成为给公司"立人设"的一种灵活方式。"职业"红人化的趋势开始覆盖三百六十行，如红人教师、红人导购、红人家政、红人厨师等不断涌现，而红人首席执行官的普遍化，必将给"职业"红人化带来新的高潮。

进阶方法论：如何真正赢得红人电商红利

当今中国已经进入一个新经济的超级周期，包括人工智能、区块链、纳米技术、基因科技等新的技术驱动力已经逐步进入商业化阶段，红人经济从一个个垂直行业，开始对传统消费市场进行改造融合，任何与品牌、消费相关的东西都会被红人带入新元素。

尤其是红人电商，已经是新经济变局的一个直观红利。广州市出台了《广州市直播电商发展行动方案（2020—2022年）》，明确要将广州打造成全国著名的直播电商之都，培育100家有影响力的MCN（Multi-Channel Network，一种多频道网络的产品形态，是一种新的网红经济运作模式）机构，孵化1 000个网红品牌（企业名牌、产地品牌、产品品牌、新品等），培训10 000名红人主播。这表明政府层面已经将红人主播当作新经济时代一种重要的资源和要素，着力进行市场孵化。

而要真正赢得这一轮红人电商红利，必须把握好3个关键词：复购率（前台）、供应链（后台）、长期主义（战略）。

直播带货的真正破局点是复购率

从品牌视角来看，红人经济推动了消费品牌由"虚拟人格"向"真实人格"的转变：以前，品牌被视作一种虚拟人格，明星代言、广告"轰炸"可以不断强化消费者的品牌记忆，以至消费者的需求出现之时，可以瞬间想到某品牌。现今，品牌已经是一种真实人格，红人主播已经深度切入品牌策略的中心地带，可以解决特定场景的特定问题。但这个转化效率的真正实现，仍需充分考虑产品特性和复购率。

从具体操作层面而言，产品是王道，复购率是根本。不同产品品类的复购率可以分为4个梯度。

一是A级复购率。比如家电、汽车，一般可以用好几年，复购的需求不会很高。家里没必要买几台电视、几辆汽车，毕竟，空间、车位也是要成本的。所以，消费者买这类产品会相对谨慎，不容易受红人主播的影响，可能只有顶端位置的红人主播可以瞬间释放消费者的购买能量，但这也仅仅是短期策略。

二是B级复购率。价格为几百元或几千元的手机、可穿戴电子设备、电动牙刷等可以用一两年，创新迭代的速度不快，但也不属于快消品。红人带货能有一定的发挥空间，但实际效果与明星代言类似，成本也未必低。

三是C级复购率。一些产品，消费者未必每天都会买，但一旦到了节假日或者在观看世界杯足球赛、综艺节目时就想要买。比如周黑鸭、三只松鼠的产品，你不可能天天吃，但每隔一段时间就会买。这代表着消费者的一种"生活讲究"，它们的价格也不贵，这是红人主播可以充分发挥的消费地带，因为可以做消费者（粉丝）的品味代言人。

四是 D 级复购率。这是复购率最高、红人主播最容易释放影响力的地带。比如咖啡、奶茶、化妆品，它们的价格不贵，只要是消费者喜欢的品牌，复购率极高。如果红人主播切中了粉丝的爽点，对粉丝产生稳定的黏性，红人与品牌结合，粉丝会对这个品牌产生独特的体验。

综合来看，根据 A 级、B 级产品品类的复购率特征，它们适合罗永浩这类顶端主播去推，而根据 C 级、D 级产品品类的复购率特征，它们则更需要不同层次的红人资源，建立适合不同品牌调性的传播矩阵，而广大红人将有更多机会参与这种策略组合当中。

既然是策略组合，那就是去中心化的自由搭配。红人直播带货真正要发挥作用，需要用到一种去中心化的方法并借助最少的规则来完成。品牌公司如果只是将红人直播带货当作营销工具箱中的一个选项，甚至是权宜之计，那是没办法发掘这种新经济方式的真正潜力。就像电商刚出现的时候，你只是把它当作一种新的营销渠道，或者将其设在 IT 部门之下，你如何运营得好呢？

从长远来看，直播带货的真正价值在于稳定的用户黏性和复购率，它需要针对不同复购率的产品，采用调性适合、精准对路的红人传播矩阵。

前台靠人气，后台靠实力

相比传统的明星代言、电视广告，红人品牌的重要优势是"快节奏卖货 + 高密度爽点"。比如靠直播卖口红火起来的李佳琦或者红人淘宝店店主雪梨，尽管擅长引爆各种爽点、卖货速度惊人，但其主要销售的还是"小批量的小众红人品牌"。

这当中有一个难题——谁来供货？外界习惯认为，那些红人店主、红人主播是靠个人魅力卖货给粉丝的。过去，红人很多时候是在卖某种品牌的产品，现今很多红人都有自主品牌，主要在卖自己的产品。那么，这些红人自己的产品从哪里来呢？要知道，工厂习惯于生产"大批量、标准化的产品"，比如一款衣服10万件的订单，工厂安排工期集中式、流水线生产，成本可以做到很低。可是一些网红品牌都是200件、300件的少量订单，而且要尽快出货，这样生产线要不停变换款式，工厂的买面料流程、生产流程、检验检测流程、物流流程都要快速调整适应。

如果那些红人店主、红人主播背后，没有一个强大、可靠的供货渠道，他们如何兑现对粉丝的承诺？所以，红人卖货，除了比拼前台的人气，更要具备后台的实力。这里举一个例子，杭州有一个地方叫九堡，这里堪称网红电商的大后方。九堡的常住人口为4万左右，但是外来人口有10多万，且这里密密麻麻聚集了几千家服装工厂，还有面料、拉链等各种供应商。附近滨江、萧山、西溪的供应商与之相配合。很多网红在这里设立了自己的后方基地，挑货、选货、卖货，灵活调整。

即使这样，也不是所有产品都能灵活供货，比如西装，一年也穿不了几套，接受定制，用户也有耐心等待；牛仔裤如果也要定制，且出货要快，成本就很高了。红人卖家的前台人气受制于后台的实力，要出爆款（爽点、成本、价格、速度都特别好），会有很多约束。踩准其中的时间节奏，就踩到了红人电商的生命线上。

做长期主义者

2020年的淘宝直播盛典上，官方数据显示：淘宝直播积累了4亿用户，至今已有100万以上的主播成为淘宝直播生态合作伙伴，

第五章 新货架：内容胜出领先于产品胜出

其中177位主播年度GMV（成交总额）破亿，4 000万件商品进入直播间，商家同比增长268%。2019年全年淘宝直播GMV突破2 000亿元，"双11"当天直播GMV突破200亿元。

红人直播带货是时下互联网的最大风口，这毫无疑问。但是糊涂人却在做抢风口的聪明事。怎么做才算是真正的明白人呢？电子商务刚刚兴起之时，比尔·盖茨直言："要么电子商务，要么无商可务。"

当时国内有数不清的电商网站：当年最大的电商网站叫8848，现在的年轻人可能都没有听过，但它很快就倒闭了；当年雷军做过卓越网，属电商第一阵营（类似今天的京东商城），很快被卖掉；还有最被易贝看好的易趣网，一度是国内"电商霸主"，现在也不存在了……

为什么最终只有阿里巴巴不仅抓住了风口，且始终站在浪潮之巅？曾任阿里巴巴B2B业务总裁的卫哲，在一次检查工作时发现，"铁军"中的一个成员将B2B国际电商服务以20万元卖给了一家中国本土的房地产公司。能成功运用"把梳子卖给和尚"的技巧的人，一般情况下会被公司嘉奖。可是，阿里巴巴当时怎么做的呢？

它直接把这名销售人员开除了，然后把20万元退给了客户。把进了口袋的钱退回去，这是什么逻辑？因为他破坏了阿里巴巴的长期主义格局——只有客户成功，自己才能成功。否则，这个钱不是赚来的，而是骗来的。

那么，什么是长期主义？"长期主义"的英文是long‐termism。亚马逊创立之初就明确告诉大众"不赚短期的钱""今天投入的每一分钱，都是瞄准20年以后的世界"。那些伟大的公司，包括阿里巴巴、亚马逊等，在风口之下明明是可以捡钱的，但是它们偏偏要烧钱做基础设施，因为不愿接受"无战略的盈利"。

当下的红人经济形势很好，典型的是红人直播带货，这个商业模式大大缩短了产品到用户的距离。以前，产品到用户，可能通过电视或者平面媒体、各种内容输出（广告植入），之后用户还得到店里购买。红人（意见领袖）将这个过程大大简化，或者将各环节连为一体，从看到、说到、演示到喜欢、下单，一气呵成，这种以红人为中心的社交商业，必将对中国消费市场版图产生巨大影响。

可是，我们也要清楚，红人经济是一个多维空间，正在不断向各个方向发展。而红人直播带货只是其中的一个截面，除此之外，还有红人广告、红人消费品牌等很多截面。

短期主义者其实是在一个看上去常态的截面上，做一个勤奋的点，这个截面（直播带货）终归是有起伏的。长期主义者不会只关注点状努力的即时收益，而是会在不同时空维度上建立共同的坚实基础。

红人经济是一条长长的、厚厚的、湿湿的雪道，但一定会有一个推动雪球、滚大雪球的艰难过程。这个打底时期需要很长时间，就像华为以企业文化"以客户为中心，以奋斗者为本"打底了 30 多年，才有今日的成就。

在很多关键时刻，会有运气成分，比如当下的直播电商热潮，但不会影响大局。你要长期集中心力建立护城河，确立那些改不了、夺不走、丢不掉的东西。抛开产品、服务、竞争手段等随时可变的东西，真正的长期主义者身上还有一些基本的特质，这些东西会长期不变，也会成为企业的基本盘。

第六章　新品牌：定制化的品味代言人

现今，很多品牌公司都自称"算法公司"，即运用智能算法发现"同品味用户群"（taste communities），品牌的意义在于做他们的"品味代言人"。潮流变化很快，慢一步会步步皆输。消费品牌也不断加速快跑，追踪不同时期时尚品味的微妙变化，并随之迭代进化。

几年前，很多年轻人形成了一种生活状态：穿凡客 T 恤，玩小米手机，泡贝塔咖啡，肉夹馍只吃西少爷的，煎饼必须吃黄太吉的，聚餐要去雕爷牛腩……经常参加创业讲座、听耶鲁公开课，在知乎、果壳上关注了很多人，对 BAT 大格局了如指掌，逢人就谈互联网思维。似乎，这样才算踩准了时代节奏。

曾经的你如果也在其中，那你当时可能每天还要挤地铁。如今回过头来看，你可能感觉可笑，黄太吉、雕爷牛腩这些品牌已经销声匿迹。基于现今的品味，你大概也看不上这些过气品牌。

对，你的品味一直在升级。一些经典红人品牌，是你品味升级的一种直观折射。其实，这些都是可以运用技术和算法进行追踪的。科技公司对用户进行"算法推荐"，推荐的依据就是"同品味用户群"，即喜欢看相同内容的用户群体（因为红人主播和博主创作了互联网上一半以上的内容，凝聚了国内 7 亿粉丝，通过红人粉丝识别用户品味是非常有效的）。好的机器算法，可以识别几千个用户群。

用户看了什么，之前看了什么，之后看了什么，去年看了什么，近期看了什么，每天什么时候看，类似这些都可以成为判断用户品味的依据。比如，一个用户长期关注李子柒或者薇娅，就可以大致判断这个用户喜欢自然纯朴的调性（李子柒）或时尚精致的调性（薇娅）。这个用户看这些与他一年前看同类内容的量相比，是多了2倍还是5倍？红人的调性可以准确给粉丝的喜好"贴标签"，进而给用户画像。

未来的消费品牌已经很难再指望设计师、形象代言人拉近与消费者的距离了，而要运用各种商业算法，灵活锁定很多不同的"同品味用户群"，然后不同的红人运作相应的社群，以"品味代言人"的方式塑造品牌调性。也就是说，未来要靠红人（意见领袖）给消费品牌确定调性。

踩准风口：品味升级，已经是迫不及待的事情

湖畔大学在2016年就开始高度关注网红电商，当时就有人向曾鸣发问："为何美国、日本很少有网红电商？"

初步结论是，美国、日本现在没有消费升级，因为美国的消费升级在1920年就完成了，日本是在1970—1990年（20年）完成了消费升级。

那么，国内消费市场是什么情况呢？从宏观来看，中国大陆人均国民收入从一年1 000美元（1999年）到一年10 410美元（2019年），正好经历了20年。到2020年，1990年出生的人都30岁了，70后、80后也将逐渐进入中年阶段。那些传统的消费品牌几乎是针对中年人（曾经的年轻人）的。主流消费人群已经变了，消费品牌势必要在心智、情感、认知上实现全面升级。

从微观来看，不同数据来源基于不同角度，很能说明问题。支

付宝和财付通数据显示，00 后的消费能力超乎你的想象，哪怕还没步入职场，这个人群在微信钱包和支付宝里的存款余额很多都超过 3 000 元。再过 5 年，他们就会成为消费市场的主力，而且消费很少指向大众品牌。波士顿咨询公司的研究数据显示，2017 年是中国阶层轮换的重要拐点，月收入在 800～1 200 美元的人的数量开始平缓下降，月收入在 1 800～3 400 美元的人的数量开始迅速增加，月收入在 3 400 美元以上的人的数量增速开始加快。消费市场开始向中高收入人群倾斜，品牌加速走向精致。

红杉资本甚至认为，中国消费升级的最大重心已经转向三线、四线城市。因为他们不用面对那么高的房价和孩子的课外辅导支出，也有更多消费时间，消费观念明显趋于精品化、个人化，用户在消费品牌上实现自我表达的强烈意愿，驱动很多小众精品的快速崛起。

年龄层变化、收入层变化，以及不同梯度城市的消费生态变化，都指向一个基本事实——品味升级已经是迫不及待的事情。

什么是消费品味？

> 一位女士在上飞机的时候把自己买的冒牌 LV 箱子往行李架一放，旁边有一个一模一样的 LV 箱子。下飞机时，那位女士把别人的箱子拿了下来，旁边那位男士非常友好地提醒她："小姐，你把箱子拿错了。"
>
> "不好意思，两个是一样的。"
>
> 那位男士冷冷地瞥了她一眼："是一样的吗？"那位女士顿感无地自容。

这种品味差异，已不仅是视觉因素、触觉因素，而是对细节的敏感。

彩妆品牌安娜苏的创始人安娜·苏（Anna Sui）有一句名言："细微之处透露独特的私人品味，是年轻人定义自我的本能反应。"

这在当下的"九千岁"群体中特别明显。很多人习惯将90后、00后称作"九千岁"，因为这一群体大多是"选货王"。一是"性价比"很少进入他们的考虑维度，好的品质是重要的。二是一个品牌或者产品，最昂贵的部分不是实体，而是谈资。他们乐于听取别人的意见，如果不喜欢，就会表达出来，相互分享，相互影响。三是他们热衷于新的购物方式，非常愿意尝试新的消费体验。在90后、00后启动品味升级的背后，最大的一股浪潮是"国货兴起"。

把握入口：如果你想红，就要比别人好玩

品味升级与"国潮兴起"正在成为最近几年引爆消费新浪潮的风向标。很多年轻人开始将大白兔奶糖的"香"涂在手上，将600年故宫的"美"抹在脸上，将六神花露水的"味"揉进酒里，除此之外，还有泸州老窖的香水、青岛啤酒的外套、老干妈的卫衣、马应龙的唇膏、黄翠仙的油腐乳……这种新兴的潮流似乎正在引导一个时代的消费趋势。

很多70后、80后对品牌的记忆，已经开始复苏。如回力、大白兔、百雀羚、谢馥春这些"祖母级"的消费品牌，现在被注入新鲜血液，渐渐成为新一代的红人品牌。而且这一轮"国潮兴起"的最大驱动力是90后和00后，这是其中的最大看点。

过去，外界普遍认为国货大多是廉价的低端产品，除了价格便宜，很少有别的优势。眼下的情况恰恰相反，国货的时尚化与跨界化使"国潮"成为新的生活方式代表。相反，美国的Forever 21（女装品牌），还有英国的ASOS（服饰及美妆产品线上零售商）、Top-

第六章　新品牌：定制化的品味代言人

shop（快时尚品牌）都已经从中国市场退出。就连以前经常看到的ZARA，售价也一直在下降。这些曾经广受欢迎的国际品牌，反而被认为不够潮。可以预见，品味升级、国货兴起的浪潮仍将在很长时间内成为一种常态，可能会有大量的传统国货品牌走红。

不过，要想拥有这波浪潮的长期红利，仍需特别注意一个要点——要比别人好玩。红人品牌得以崛起的最大动力是什么？一般与高端、大气、上档次没有关系。

最能代表谷歌公司文化的一句话是："如果算法可以解决问题，何必还要去猜。"所有红人品牌都应该记住一句话："如果你想红，就要比别人好玩。"比如黄翠仙是一个卖油腐乳的红人品牌，你可能难以想象，这种"低端食物"也能红。重点不在这里，而是它比别的品牌好玩。黄翠仙的一个体验场景是：炎炎夏日，吃什么都没有胃口，这个时候需要放出我们的终极大招——油腐乳，不过，油腐乳不仅可以用来下饭，还可以用来炒菜，今天就用产自云南的油腐乳做一道菜——油腐乳空心菜，这是不是很好玩？比如钟薛高雪糕，它的好玩还带点情怀：也许生活会把你揍趴下，但钟薛高雪糕始终坚挺，虽是外卖，顶着大太阳，居然还不会化，这是不是很好玩？

有人说，如果产品力很强，那就做独特销售主张（Unique Selling Proposition），如果产品同质，那就做情感销售主张（Emotional Selling Proposition），如果真的没有什么好宣传的，那至少可以把广告做得好玩一些。

现今时代真正给你带来快乐的，往往不是你买了什么，而是你获得了一种品味上的认同。大家花钱往往不是去购买产品功能，更多是一种个人表达、情感寄托和社交谈资。尤其是中国"九千岁"这一群体，大多是独生子女，情感上是比较孤独的，他们希望通过消费，跟有相同爱好、类似趣味，以及价值观相符的朋友进行更深层次的沟通。

也许 15 元一根的钟薛高雪糕和 36 元一盒的黄翠仙食品价格偏贵，但它们有贵的道理，这才是它们的核心价值点。过去，你可能认为要学会和自己能力相匹配的适度消费，现在则要学会和自己"精神气质"相匹配的聪明消费。钱花出去以后，你得到了什么？是生活方式的进化，是精神气质的沉淀，以及指向未来的潮流感。

时间窗口：最后一个品牌堡垒，逐渐被时尚红人攻下

从 2018 年开始的红人直播卖货持续引爆消费潮流，当时就有一种说法：全世界大概只剩下奢侈品牌还没有开始直播卖货了。

过去两个世纪，奢侈品牌都坚守线下渠道——顾客只有通过触摸、观看、欣赏达到深度了解，才会对品牌形成忠诚。所以，奢侈品牌特别在意线下店面选址、装饰、布景，特别注重"贵族气质"，擅长用精致的仪式感来打动消费者。可是，线下传统商业面临的形势剧变史无前例，很多奢侈品牌不得不把重心放到线上营销上。比如，奢侈品牌普拉达、亚历山大·王已经入驻天猫，此外，德尔沃、卡地亚、凯卓、阿玛尼等在京东、天猫上也有旗舰店。

奢侈品牌的线上布局，不同于一般的红人直播带货，以 LV 为例，更多是通过"线上分享"用户体验，激发"社区互动"，进而推动更多用户去"线下消费"。反过来，更多用户进行更多的"线上分享"，形成一个不断自我强化的正向循环。

从 2012 年到 2018 年，中国消费者为全球奢侈品市场贡献了超过一半的增长，预计到 2025 年，这个数据会达到 2/3。国外买奢侈品的，往往是事业有成的中年人，这比较符合奢侈品的定位。可是中国买奢侈品的群体，平均年龄比欧美国家的要年轻 15～20 岁。国

第六章 新品牌：定制化的品味代言人

内80后和90后的消费者约占到61%，总人数约为1 700万。而且这个群体的消费能力非常惊人，2019年80后和90后在奢侈品上的消费接近5 400亿元，这比2018年海南省的GDP（4 800亿元）还多。

国内年轻人购买奢侈品不会一心一意地购买同一个品牌的各种产品，而会"三心二意"。他们会选择多个品牌，购买每个品牌中最当红、最有识别度的产品。

当年，普拉达为了构建品牌的语境体系，投资拍了一部电影《穿普拉达的女王》（*The Devil Wears Prada*），里面有这样一个片段。

> 安德丽娅开始了新的一天的生活，梳洗之后，一边涂润唇膏一边翻找可以穿去面试的衣服。在城市的另一个角落，几个女人（安德丽娅后来的同事）正在为上班进行全副武装：CK的丁字裤、普拉达的外套、古驰的鞋子、LV的黑色皮包。她们出门打车，直奔工作地——美国顶尖的时尚杂志社。

这段电影片段应该是导演有意为之，电影不仅要触动人，更要影响人的审美观、价值观。接下来的情节很耐人寻味。杂志社的办公室里挤满了穿9厘米细高跟和奢侈品牌的人，而安德丽娅那一身装束太随意，与这里的氛围很不协调。

也许你没有做错什么，但如果你没有把自己包装好，那么你的出现本身就是一个错，这就是对方赢得了语境。通过一部电影，普拉达的精神气质就被定格了——高调、强势。与普拉达相关的明星、红人几乎都是这个调性，相互感染，一种形象格调得到持续强化。它是"雄性特征的雌性品牌"，所以穿普拉达的不是淑女，而是"女王"。

时尚红人的最大价值，是给品牌定调。国内相对成功的红人的带货方式，是瞄准一种"平价的奢华"，即普通人的奢侈品需求，这是一个上升中的大众市场，有利于培育普通人的奢侈品品味。但LV、迪奥则是瞄准成熟的奢侈品需求市场，这特别需要贵族气质，需要真正掌握话语体系的人去做，而不是找普通的时尚红人和明星就能奏效的。

国内的时尚红人仍需要进一步强化讲故事的能力，这不仅是口才问题，其实一言一笑、一举一动、一个特别设计的小动作都是在讲故事，都在向外界传达一种"人设"。这方面的人才，国外是有专人训练的。

欧美国家本土的时尚红人，很多都参加过第三方机构的时尚训练营，由一线的设计师、造型师甚至影视导演培训，而且多次参加巴黎、米兰的时尚盛典，以提升气质和自信。

目前来看，凡是时尚红人的专业培训做得好的，基本上粉丝的反响都不错。时尚是需要勤奋的，专业是一种态度。受过专业训练的时尚红人，往往更能融入品牌故事，并能拿捏好人设、细节以及消费者的炫耀性消费需求，构建更强大的品牌语境。相反，国内很多时尚红人哪怕有很多粉丝，也往往是展示自己，而没有真正融入奢侈品牌的格调。奢侈品牌融入红人经济，无疑会创造一个超级大的市场，但背后的话语体系和专业时尚红人的培育，也在考验国内的时尚红人。

进阶方法论：如何打造一个长命的红人品牌

近年来出现的一些新兴红人品牌面临一定的分化趋势：一是很多老字号国货品牌得益于红人（意见领袖）的推荐，实现品牌IP的

第六章 新品牌：定制化的品味代言人

升级迭代而重获生机；二是很多短命网红品牌因为缺乏 IP 赋能，渐渐冷淡下来，比如鼓浪屿会说话的冰激凌店老板、黄龙溪的扯面小哥。他们因为一个短视频和几个小动作被观众熟知，很快带动了店面消费，渐渐做出了红人品牌。可是，因为品牌缺乏内涵，没有能力做持续输出，很快就会冷淡下来。这种红人品牌给人的印象是短命的。

相反，"国潮兴起"之下的大白兔香水、故宫口红、六神鸡尾酒、黄翠仙油腐乳等国货，因为有 IP 加持，持续在网络上走红，不用担心所属品牌短命。所以，红人品牌做大做长的核心，是要给品牌注入 IP，而不仅仅是流量、热度。涂料层无法支撑起一幢建筑，而 IP 赋能是给品牌提供牢固的架构。

IP 已经不是一个新词了，它不是网站 IP 地址的"IP"，而是知识财产的意思，比如音乐作品、文学作品、各种创意作品及发明等都是"知识财产"。品牌属于多重创意元素与持久的信心、信誉融合而成的知识财产。这里，我们从博弈论的角度重新审视品牌价值，其中的一个前提是：品牌是在卖家和买家的博弈中形成的，差别只在于单线博弈还是循环博弈。

什么是单线博弈？有一家网红店叫"快闪店"，采取"突袭"打法，突然在一个地方出现，又突然撤走，主要抓住一些只有三分钟热度的消费者。比如喜茶成为红人品牌以后，带有调侃性的快闪店"丧茶"随之出现，由饿了么主推，只营业 4 天。比如，"5·20"情人节当天，有人在上海开了一家"分手花店"，只营业 1 天，主要针对那些情感经历曲折的单身人士，这也是一家快闪店。将创意快速商业化变现，热度过后，并不指望粉丝用户还会回头，这就是单线博弈。

什么是循环博弈呢？假设你多次去一家餐厅吃饭，感觉好下次还会来，只要有一两次感觉不好，或服务态度不如以前，或没理由地大幅涨价，你就不会来了。消费者总是有机会惩罚这家店，老板稍微维护不好，这个良性互动就可能被破坏，这就是循环博弈。麦当劳有遍布全球的上万家加盟店，可是在高速公路服务区，麦当劳是不允许有加盟店的。因为高速公路上，客人吃完就走，下次很难再来，部分加盟店可能会宰客或者怠慢客人，只做单线博弈，消费者没有机会惩罚这家店。可是麦当劳是全球连锁，品牌方与消费者是漫长的循环博弈，它必须在任何时候、任何地方小心维护与每个消费者的良性互动。

普遍来看，红人品牌大多是单线博弈，抓住一个消费热点，从 0 到 1 再到 N，一气呵成，热度消退以后，不指望消费者回头消费。那些经过时间考验的消费品牌则需要长期经营 IP，利用 IP 降低大家的认知门槛，而 IP 可能是一句金句、一个红人主播，甚至是一个表情包，这个策略组合可以灵活多变，但目的一定是长期保持消费热度，以及与消费者的持久良性互动。

在红人品牌融入消费主流的过程中，做好品牌循环博弈的规划部署是绝对必要的。目前来看，国内真正进入长久经营、循环博弈的网红品牌，大体采取 3 种策略：一是直接将首席执行官红人化、IP 化；二是联手社交平台和各个层次的红人，瞄准消费炙热期（"双 11" 或者 "6·18"）进行集中投放；三是细水长流，不断给品牌 IP 赋予新的东西。这当中需要清楚的是：只有话题、内容承载的符号才能被称作 IP，要用 IP 激活品牌，再用品牌辐射产品。

首席执行官的 IP 化（适用于制造业、房地产品牌）

如格力的空调、小米的手机、万科或者万达的房子，普通人能发掘其中差异化的东西吗？应该很难。普通人的印象中，只有这些品牌的功能属性（知道是卖房子的还是卖电器的），很少有感性认知。

如何给这些品牌加上感性认知呢？往往是这些公司的首席执行官亲自上阵做红人主播，然后制造声量、引导话题风向。当初，雷军与董明珠立下"10亿元赌约"，如果小米5年内营业额无法超过格力，他就给董明珠1元钱，而董明珠自然不甘示弱，说要赌就赌10亿元。最后，"赌金"没有兑现，但格力、小米频频成为社交媒体上的热点话题，大大拓展了品牌与消费者的接触面。品牌就是瞬间联想、瞬间认知，品牌是不需要用很多话来介绍的，是人们脑中的一个瞬间。

尤其对一般的中小企业来说，老板亲自出来引导话题流量，其实是很有必要的。很多中小创业公司，不可能有大笔预算去做营销，而会选择低成本、网络化的产品推广方式。如果自己可以出来当红人主播，将流量导向产品销售，这更多在考验这个创业团队的营销创意。如果老板本身就能作为公司的IP资源来经营，将使营销的功能获得更多情感能量，粉丝流量也能直接转化成产品销量。对90后、00后消费者来说，接受一个有趣的人，比接受一件单调的产品容易得多。

联手各层次KOL，集中投放（适用于消费品牌）

有投资人直言："如果你想创业，但手上没有多少资源，我最推荐你进入化妆品行业或者特色食品行业。"这里主要有2个理由：一是"产品毛利率"极高，一般化妆品或者特色食品的产品成本仅7%~10%，但营销成本超过30%，只要你有营销能力，就有很大机会；二是美妆行业或者特色食品行业的成长空间巨大，用户的习惯一旦养成，那就是挡不住的刚性需求。最关键的是，这是红人主播带货能力最强的细分领域，也有很多IP赋能的机会。比如才成立不到4年的完美日记，凭借IP力量和产品口碑，在天猫"6·18"的争夺战中如鱼得水，一度跑赢欧莱雅等国际大品牌。

红人就是最大的IP力量，他们主导了话题、制造了声量，真正引导了用户品牌倾向。再如当下极具网红潜质的特色食品品牌黄翠仙，依托云南风物，推出的油腐乳和小蚕豆别有风趣。因为有这个底蕴在，借助红人的声量，品牌IP很容易被激活，其中一个关键动作是联手平台和各个层次的红人资源。

完美日记并非一味在寻求大牌明星的代言，而是广泛投放腰部以下的小众红人。其自上而下的投放比例是1∶1∶3∶46∶100∶150∶690。对于"路人"类型来说，基本上属于用户的自发传播。黄翠仙基于美食品类、属性则是激活多样化、多平台的红人声量，在微博、抖音、淘宝直播等平台种草，比如现象级视频红人李雪琴、宠物博主王白菜、美食博主大胃王鱼子酱等博主原创种草，以及跨界联合各大品牌进行新媒体互动，这种广域性的自传播往往更具品牌能量。

不断给品牌IP赋予新东西（适用于老字号品牌）

品牌IP的真正价值，在于可以注入多少新的东西。

> 近年来"国潮"发展得如火如荼，但你还是很难想象马应龙可以和口红联系在一起，六神可以和鸡尾酒联系在一起。比如马应龙此前的品牌策略，是将品牌打造成"痔疮膏中的爱马仕"。可是，马应龙口红能在网络上走红，公司也感到意外。对方表示这不是公司炒作，而是红人主播看到口红新闻进行了关注和宣传，带动了市场的关注，这

第六章　新品牌：定制化的品味代言人

明显是 IP 赋能的结果。马应龙深耕痔疮膏领域多年，有深厚的公众认知和积淀。当马应龙生产口红、眼霜时，马应龙痔疮膏客户们的信任就变成了粉丝的力量，使得其口红、眼霜都颇具市场竞争力。就像当年的云南白药，因为 IP 加持，跨界卖牙膏，也能成为国内销量第一的牙膏品牌。

细水长流，不断给品牌 IP 赋予新的东西，关键是升级品味。日本生活美学大师松浦弥太郎就说过，"品味"即"选择和判断"。好品味是指，在和别人相处时，包括说话的方式、时间和金钱的运用方式等，能给人留下好印象，这些包含在生活细节中，只有一两项是不够的。日本的经典生活品牌，比如大创生活馆，它的核心员工不会只待在店里，而是会关注文化遗产、去美术馆以及阅读。想磨炼品味，就要接触好的事物。

在日本，比起时尚流行地的商店，更值得去的是美术馆。因为在好的空间里，自然会聚集好品味的人。你会惊讶于那些人的优雅举止，还可以学到"原来这样的东西可以这样搭配"。

IP 给品牌赋能，品牌也要给 IP 赋能，经常有新的东西注入十分重要，更重要的是守住最根本的东西。

> 万宝路和它的广告公司合作了 50 年，两家公司的老板都老了，万宝路的老板问："咱们合作了 50 年，我付了你 50 年的钱，你就把给我做的第一个设计稿用了 50 年，你这个钱也赚得太容易了吧？"对方回答："我容易吗？我这 50 年为了不让你的人改掉这个设计稿，不知付出了多少辛苦和努力！"

经营品牌 IP 是一个系统工程，要投入很多资源，各个层次的红人主播能给你提供很多策略，但最重要的是你要清楚可以沉淀下来的是什么，这是品牌最根本的东西。

第七章　新赛道：谁将最终颠覆广告公司

有一部很有名的电影叫《至暗时刻》（*Darkest Hour*），获得了第90届奥斯卡金像奖。电影的背景是第二次世界大战前期，几乎所有欧洲国家被希特勒攻陷，英国究竟选择妥协还是一战到底？英国首相丘吉尔难以做决策，多次拜访国王乔治六世，并深入民间倾听民意，甚至沉默落泪，他的夫人还跪下来温言宽慰，电影画面悲情、热血，也特别有感染力。而真实的历史是，丘吉尔和内阁成员5个人在一个小黑屋里开了5天会，他费尽唇舌说服了所有人，最后一致决定血战到底。

不论是历史真相，还是电影情节，这个"说服的过程"都是艰难曲折的。时至今日，说服，已经不仅仅是一个很难的沟通过程，还是一门高成本的生意。现今，英国政府每年要花20亿美元请咨询公司提供"决策服务"。难道政府的官员不信任自己吗？显然不是。因为英国政府觉得，人们心中固有的各种猜疑、不信任，难以被完全说服，而去采取一致行动。很多事情不如委托没有利益冲突的第三方、中间人，因为专业人士基于专业流程，信息公开、透明，反而更能获得"关键说服力"。

说服，目前已是一个十分庞大的智力产业，全球咨询业务的收入规模就接近1 300亿美元，此外，包括投资银行、房屋中介、法律服务等业务都是广泛意义上的"说服经济"。不过，相比广告行业，那些都不算大的行业，中国广告行业每年创造的产值大概占GDP的2%，美国广告行业产值占美国GDP的比例更是超过4%。

广告无处不在，就算你讨厌广告，你每天还会接触很多广告。大众汽车每年花66亿美元做广告、可口可乐每年花50亿美元，宝洁要花82亿美元，联合利华要花80亿欧元……消费品牌每年在打广告上花掉了很多钱，但是你要清楚，广告的最大价值是帮你省钱。可口可乐每年花50亿美元打广告，但网购价格是一箱59.9元，同样规格的崂山可乐（500mL、24瓶），历来不打广告，网购价格是一箱68元。

广告大大降低了品牌与消费者的沟通成本，不然，你购买电视机，可能会拆开电视机外壳，比较电路板、显示芯片、数据接口，这太麻烦了。百度、微信、微博、抖音、快手是免费的，因为有广告价值、营销赋能，相比之下，没有广告模式的Windows的零售价超过1 000元，Photoshop的最低零售价超过3 000元。

广告行业的核心价值是给整个品牌经济、整个消费市场提供"关键说服力"，帮助消费者省钱。不过，从长远来看，广告行业始终是随着科技、商业的进化而不断迭代的，其中不变的主线是（用户）体验和（品牌）效果。

慎重反思：究竟有多少广告费是白花的

2017年以来，宝洁公司对品牌部门做过一个类似于"切香肠式"的省钱试验，即刻意削减某个季度的广告费用，看对产品销售会产生什么程度的影响，比如，2017年第二季度宝洁公司在原定的广告预算上削减1亿美元支出，结果发现，产品销售额和销量的增长数据没有变化。这就说明，那部分砍掉的广告支出是无效的。宝洁内部开始反思：2016年宝洁公司的广告投放费用是71亿美元，其中有多少无效的广告支出应该被砍掉？

宝洁的反思给广告行业带来震撼，暴露了3个根本性问题：第一，为什么很多公司在需要削减成本时，广告支出往往是第一选择？第二，广告支出对构建品牌起到多大作用，如何衡量？品牌经营对产品销售起到多大作用，如何衡量？第三，各大广告主（比如宝洁、联合利华、达能、雀巢等消费品牌）真正需要的究竟是什么？是人群的更多关注，还是更多的销售渠道？

宝洁至少得到了两条结论：第一，凡是不能衡量实际效果的广告支出，往往是冤枉钱；第二，广告主面临的最大问题可能不是品牌经营，而是销售渠道。如果宝洁在连锁超市之外，找不到别的渠道来销售产品，广告好不好完全不重要。在宝洁公司的反思中，我们可以想象，它的广告费究竟有多少是白花的。

英语中有一个短语，是"The elephant in the room"（房间里的大象）。意思是说，房间里明明挤进了一头大象，大家都看见了，可是人人都沉默，好像它不存在。因为我们习惯了一些不正常的事情，习惯了"尴尬中的沉默"，即使觉得难受，也很少激活好的改变。

两个统计数据引人关注：一个是新浪财经引用的一个研究发现——中国约有1/6的上市公司，营业利润不足以支付贷款利息，专业说法是"盈利水平未能覆盖融资成本"；另一个是《华尔街日报》（*The Wall Street Journal*）曾发文指出，大概有10%的美国公司的营业利润不足以负担营销费用，即庞大的广告支出超过每年实际赚到的钱。

就第一个数据来看，其实，目前欧洲国家、美国也有大量上市公司的营业利润很低，甚至支付不起银行利息。韩国上市公司更加严重，最新数据显示，韩国接近30%的上市公司因贷款利息而不堪重负，这种股票一般被视作"鸡肋股"，如公募基金、资管公司这类专业机构，几乎不会将它们放进备选的股票池，所以这些股票没有机构资金光顾，往往交易量特别低。

这里重点说说第二个数据，为什么很多美国公司会被广告费压得喘不过气？从宏观来看，美国广告市场的总体容量占美国GDP的比例已超4%，中国这一数据不到2%。从微观来看，美国广告市场已经被脸书、谷歌占据极大份额，而脸书、谷歌是按点击量收费的。

举例来说，谷歌在线广告的收费方式被视作"近50年来广告界的最大革命"。如果你在美国谷歌的网站搜索栏打了"盖可保险公司"（大股东是"股神"巴菲特）几个字，谷歌的搜索引擎一边寻找与盖可保险公司有关的资讯，一边搜索与谷歌签订广告合约的其他保险公司。当搜索结果出来时，页面左边将显示盖可保险公司的资讯，右边则是其他保险公司的建议链接。每当你点选其中一个建议链接，谷歌就赚取了1.53美元的广告收入。

美国快消品牌的城市经理中，有人一年完成1 000万美元的销售业绩，支付给谷歌的广告费就超过200万美元，更关键的是，他们不仅在谷歌上打广告，且广告一停，销量很快就往下掉。归根到底，任何广告支出都是基于回报预期的投资，而投资都是有风险的。品牌公司如何安排营销费用（广告预算），如何根据形势变化配置灵活、高效的传播矩阵，是一个必须要认真对待的严肃问题。

第七章　新赛道：谁将最终颠覆广告公司

瞄准痛点：什么是传统广告公司的致命硬伤

在美国广告市场，谷歌、脸书两大平台占了半壁江山，美国消费品牌怎么也绕不过谷歌和脸书。国内的广告行业则处于新旧交替的创新时代，中国传统广告公司逐渐被创新广告模式的公司替代，算法广告、红人广告持续崛起。

很久以前，《金融时报》（*Financial Times*）发表过一个观点：广告公司、管理咨询公司这些"智力型公司"，因为很难将业务"标准化"、无法自我复制，每次都要重新生产，所以，"行业天花板"特别低，这不是好的商业模式。

有些行业体量特别大，但行业中的公司反而都是中小企业，比如水果行业、中餐行业及传统广告行业。有些行业体量不算大，反而容易产生巨头，比如集装箱行业、芯片代工行业及互联网行业。

以2016年为例，全球互联网产业的收入不过3 800亿美元（电信行业是3.5万亿美元），反而产生了如谷歌、亚马逊、阿里巴巴、脸书和腾讯等收入过百亿的巨头。广告行业的产出收入很大，前面已提到，美国已经占GDP的超4%，中国也约占GDP的2%。可是，传统广告行业几乎没有一个巨头。

以前，一家公司要做大一定要"标准化"，同样是做餐饮，麦当劳和肯德基从食材到食品、店面、品牌标签都是标准化的，所以可以不断自我复制，在全球开几万家店；中餐就不行，因为要完全依靠老板和厨师的个人能力，这是没办法标准化、自我复制的。

麦肯锡做管理咨询，也是靠不同人的智力进行服务，但它的商业模型和案例是标准化的，可以将业务扩大。即使如此，管理咨询行业也到了发展极限，麦肯锡很难再做大。广告公司属于"创意性公司""智力型公司"，很难将业务"标准化"、无法自我复制，每次都要重新生产，但是好的创意、策略不是每次都有的。

目前，国内的广告公司大致可以分为3类。

第一类是纯创意类公司，这类广告公司的员工往往要加班熬夜，不断推翻旧创意、打磨新创意，公司的成本大多投在了人和时间上，产出并不稳定。

第二类是营销咨询类公司，有的是一个牛人收费专门给品牌公司出谋划策，有的是一个营销团队按照成熟的方法论给企业提供具体的营销解决方案。

第三类是战略营销咨询公司，它们通过研究，理解客户业务，并通过营销各个环节的设计为客户带来业务增长。它们为客户设计产品，提供渠道建议、定价建议，甚至设计门头、改善包装、改进商品陈列等。

公司不论属于哪个类型，业务都要靠不同的人，重新生产不同的东西。一轮轮通过个人的智力重新产出，人的创造、创意特别重要，这是无法标准化的。而只有标准化的产品、服务才能实现资本市场期待的持续增长空间。

所以，无论哪一种类型的广告公司，都是小公司，难以壮大。而资本市场对稳定的业绩增长，是非常看重的。在股票投资者看来，没有想象空间的公司、没有持续增长动能的公司，都没有太大的投资价值。

而且，广告公司很难招到足够多高素质的员工，如果不小心雇用了低水平、低素质的员工，公司做得越大，"平均服务水平"反而会被拉得越低。这种低素质的大公司，往往会被自身的规模压垮。

很多广告公司甚至要面对一个猜疑链——有时一个项目，仅文字脚本的修改和沟通就用了几个月，市场经理要猜市场总监的意思，总监要猜老板的喜好，员工做不好，只好由老板自己出面协调。各

第七章 新赛道：谁将最终颠覆广告公司

种猜疑、碰撞带来的，不是创意的火花，而是妥协、折中出一些平庸方案。业务的效率总是砸在自己人手里，最后客户不满意，老板更痛苦。

突围思路：广告行业正在从"油画时代"向"像素时代"进化

传统广告行业有两大敌人——效率和精准度。2006年，腾讯的广告收入是2.67亿元；2016年，腾讯财报披露的广告收入已经接近270亿元。用了10年时间，腾讯的广告收入总算超过了中央电视台。央视是赢在权威、传播面上，腾讯则赢在"按效果付费"上。

到底有多少人看到广告会产生购买行为，广告点击率、购买转化率具体如何，腾讯有了相对有效的衡量标准，即机器算法。

2018年美国公司的新增广告支出，70%以上都给了谷歌和脸书，它们都赢在算法，商业模式的差别也在算法。比如，你想买《广告狂人》（Advertising Madman）这本书，打开谷歌、百度的搜索页面，你会看到很多涉及广告、营销、商战的相关书籍，这是基于用户搜索行为（历史记录、搜索痕迹）的广告推荐算法。如果是脸书，完全是另一种套路，你输入"广告狂人"几个字，脸书系统可能自动将混沌大学的培训资讯推荐给你，即根据你的关注点、相关性推荐广告。

谷歌搜索是让准备花钱的消费者找到你，你排名越靠前，效果越好；脸书是将目标消费者发掘出来，推荐给你。因为"按效果付费"，广告效果就可以衡量。只要人们还在互联网上贡献流量，这些机器算法就能无限创造广告效果。腾讯、谷歌、百度和脸书基于机器算法的广告业务，恰恰在效率和精准度上成为大赢家。负责谷歌日本业务的工程师只有 4 个人，但它已经占据日本超过 30% 的线上广告市场份额。这些互联网巨头的最大优势，是开创了一个"精准商业"时代。

过去，很多公司研究用户行为，就像观赏油画，你只能看懂一个粗略的轮廓。英国女王看毕加索的画作，不禁发问："这上面画的是左脸还是右脸？"现今，更多公司研究用户行为，就像数码相机拍照，像素、清晰度越来越高，不同用户的个人偏好、特质的细微不同也清晰可见，只要数据足够多、分析技术足够好，几乎可以给每一个潜在用户"画像"。这已经是一个颗粒度极小、多样性很足的微粒社会，红人经济应运而生。每一个红人主播和博主，都是一个纳米经济体。

红人作为社交网络上的意见领袖，是基于情绪、观点的共振，将同类人凝聚起来，哪怕是一个"小众"，但精准度、忠诚度足够高。红人在营销领域的功能发挥，其实是"精准商业"的一种自然升级。

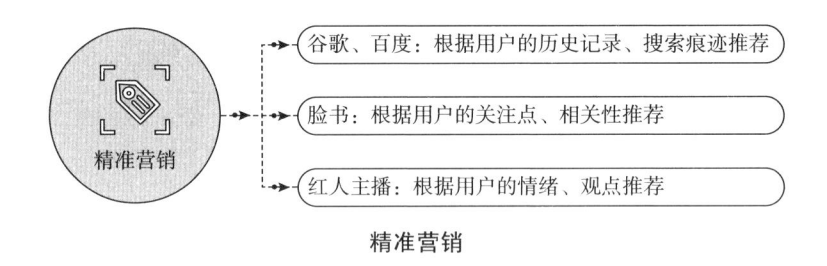

```
                    ┌─────────────────────────────────────┐
            ┌──────▶│ 谷歌、百度：根据用户的历史记录、搜索痕迹推荐 │
            │       └─────────────────────────────────────┘
  ┌──────┐  │       ┌─────────────────────────────────────┐
  │精准营销│──┼──────▶│ 脸书：根据用户的关注点、相关性推荐      │
  └──────┘  │       └─────────────────────────────────────┘
            │       ┌─────────────────────────────────────┐
            └──────▶│ 红人主播：根据用户的情绪、观点推荐      │
                    └─────────────────────────────────────┘
```

精准营销

过去的"精准商业"，可能是基于年龄、地域、行业、阶层这些"浅层的维度"来识别用户。而红人则注入了情感、思想、专业等"更高的维度"，丰富了"精准商业"的生态体系。比如，宝洁、雅诗兰黛现今将大量广告支出投给红人，也是顺势而为。因为很少有 90 后、95 后会用飘柔、海飞丝这些大众洗发水品牌，但会追逐那些小众的网红品牌。现在年轻人的消费和表达越来越倾向于自我，追求个性化。所以，宝洁放弃了传统的用收入、地域、阶层来给消费者贴标签的做法，而是通过红人使过去模糊的消费语境变得日渐清晰，通过在线数据的连接、网络社群的互动，使更多小的消费群体的独特诉求可以直接进入生产环节，实现经济和商业的精准化。

对于传统广告行业而言，红人（意见领袖）更有可能是推进自身进化的盟友。传统广告公司能和腾讯、百度这些巨头竞争吗？这显然是鸡蛋碰石头。它们能再造一个腾讯或百度吗？这更不可能。

红人经济的持续繁荣，不是针对广告行业而来的，不像京东商城、阿里巴巴诞生之初，是针对线下商铺的低效率、不透明，真正打垮广告公司的，是对这个"微粒化、精准化商业社会"的不适应。而红人IP更有可能给那些懂得适应变化的广告公司，提供一个做好"精准商业"的渠道。广告公司和红人主播尽管有一定程度的竞合关系，不过，后者更希望通过挖掘传统广告模式的潜力，推动其升级迭代。

顺势借势：这个时代，高明的广告策略是什么样的

很多创业者会琢磨：一个特别好的广告创意，最多可以引爆多大的商业能量？如何用有限的广告预算引爆市场？

请先看下面的案例。

> 世界上最赚钱的电影叫《女巫布莱尔》（*The Blair Witch Project*）。你知道这部电影的"单位投入产出比"有

多高吗？区区 6 万美元的投资，票房高达 2.48 亿美元。《阿凡达》（Avatar）、《速度与激情》（Fast and Furious）、《复仇者联盟》（Avengers Assemble）都没有这么赚钱。《女巫布莱尔》创造奇迹的唯一原因，是广告做得好。

电影的预告片特别吸引人。传说有一片森林里住着女巫，谁都不敢进去，却有几个年轻人不信，带了一台 DV 偏要进去，结果生死未卜，搜救队只找到了他们留下的 DV。他们到底遭遇了什么？你离真相就差一张电影票，这就是广告营造的效果。

《女巫布莱尔》没有多么精致的画面，主要有悬念，广告是悬念的载体。这个案例经常被欧美广告人当作典范来讲。欧美传统广告行业已经在脸书、谷歌的冲击下奄奄一息，它们要找回自身存在的价值。

基思·雷哈德（Keith Reinhard，世界顶级广告公司 DDB 的全球主席）作为欧美广告行业标杆性人物，拥有超过 50 年的从业经验，他仍判断："这个数字化风靡的时代，广告行业未来的走向反倒不是追逐新颖的人工智能、大数据，而是要重新关注行业的根本问题，即如何讲好故事。无论技术如何翻新，人性的根本特征其实没有变过，'讲故事'是有史以来最有效的沟通方式。"

可是，回归到实际的操作层面，引爆潮流的一流创意毕竟属于小概率事件。真正要好好考虑的，是"如何使高效的营销成为常态"。

"广告工厂"正在败给"广告机台"

央视市场研究发布的《2019 中国广告市场趋势》显示：2019 年

增加预算的广告主创10年新低，2018年广告从业者增幅6年最高，国内传统广告市场容纳了将近560万广告人、5万家代理公司，年营业额近8 000亿元。可是，传统广告行业的认知能力和解决方案几乎没有变过。

我经常听到这样的表述。

表述一

广告行业的传统业务在艰难维持，所谓的传统业务，是根据客户的需求设计内容，策划营销方案，得到客户认可后，选择目标人群集中的媒体进行投放。

表述二

广告公司整天开策划会，讨论如何为客户的产品营造卖点，产生内容文案，再找目标用户最匹配的媒体进行投放，主要的营销工具是制造各种热门事件，然后通过媒体投放信息。

表述三

公关广告行业最大的竞争力是人，以团队的智力服务赢得客户的认可，同样是做公关广告，比的是你的方案比别人更有创意，落地执行得更扎实。

有段时间，很多公司硬是将广告做成了工业品，即将广告做成标准化的东西，批量生产。比如蓝色光标，以前主要服务联想、丰田等大客户，策略是写稿子、发媒体，快速滚动业务。一些汽车试驾体验稿、软文，被蓝色光标做成了标准化产品。比如分众传媒，以前主要以硬广告进行标准化投放，即在全国各地的楼宇电梯里放置显示屏，并成了国内楼宇电梯广告的巨头。蓝色光标或者分众传媒都是典型的"广告工厂",主要优势是覆盖面大。不过,凡是批量生产的标准化产品都有一个弱点——难以"精准触达用户心智"。

在移动互联网和人工时代,内容正在趋向"定制"。雅虎、新浪出现之初,新闻资讯被互联网化了,用户可以自由选择资讯内容;新浪微博诞生,创作内容的门槛大大降低,人人都可以从事"媒体事业";微信诞生,人们开始通过朋友圈、订阅号传播自己认为最相关的信息,媒体走向圈层化、社群化;今日头条创立以后,完全以个性化的信息进行推荐,充分展示了集体学习的人工智能,出现了信息推荐的引擎。

社交网络和新媒体的进化迭代,几乎将所有人的注意力"完全切碎",任何时候,每个人选取的"信息资讯组合"都不一样。在这一大趋势下,突破营销瓶颈的最佳解决方案出现——智能化推荐。以用户的兴趣为标签,"智能"呈现不同用户感兴趣的各种内容,对应合适的广告信息和产品品牌。

营销智能化的核心产品是推荐,亚马逊可以说是这一领域的开山鼻祖。另外,亚马逊将零售和物流全流程在线化,使得零售效率得到了巨大提升。亚马逊的智能化营销策略,已经被阿里巴巴全盘移植到中国。2018年中国网络广告市场规模达到4 844亿元,电商广告份额占比为33.6%,其中归属阿里巴巴的营收规模高达1 386亿元,它已成为中国数字广告的主导者。据说,阿里巴巴"养活"了上海70%的广告公司,上海没有服务过阿里巴巴的广告公司并不多。

微博、微信、抖音、快手也逐渐将广告策略与机器算法结合,相比之下,蓝色光标或者分众传媒开始面临危机。因为前者靠算法,是内容的"批量定制",后者靠人力,是内容的"批量生产",效率

第七章 新赛道：谁将最终颠覆广告公司

和精度差距甚大。

过去，广告公司的人特别累，因为从创意策划到媒体投放都依靠人来实现，服务的质量与人的能力高度相关。如今，数据算法让广告的业务模式更加标准化，只用"系统进行广告投放匹配+数据分析"即可，这是典型的"广告机台"。"广告机台"正在替代"广告工厂"，逐渐摆脱依靠人来进行内容策划，再寻找媒体投放的非标准化服务模式。人力成本空前降低，业务可以快速复制。

红人营销崛起：从智能化到人性化

今日头条的全面崛起，引起了"机器算法打败广告公司"的行业焦虑。其实，这没有抓住重点。今日头条的厉害之处，在于开创了针对用户习惯的"千人千面"平台，这意味着两大改变：以前核心媒体的广告位置不再是稀缺资源，重要的是广告匹配的有效、精准，因为每个人看到的不是一样的内容，而是自己感兴趣的东西；新型广告公司的主要工作，是尽量评估各种广告资源、内容的流量性质，想方设法进行精准匹配。

可是，从普通用户的角度思考，这样精准匹配内容是否总能使人感到舒服、让人需要？《信息论》（*Information Theory*）将人的认知结构分为4个层次：我知道我知道的、我知道我不知道的（浅层信息）、我不知道我知道的、我不知道我不知道的（深层信息）。

今日头条的内容匹配，只能针对前两个比较浅的层次。而认知的广度、深度，却是机器算法匹配不了的。也可以说，机器算法再强，也缺乏人性化。红人营销的持续崛起，正好填补了机器算法的"人性化空白"。

贝恩资本在2015年对50多家公司、1万名顾客展开调研，发现电商产品有 4 个根本属性——功能属性、情感属性、生活方式属性以及社会影响属性。一个产品具备的价值属性越多,其口碑和收入就越高。比如,亚马逊在功能属性、社会影响属性上表现亮眼——节约了时间、让生活更简单、降低成本、保障品质、商品门类繁多,但在情感属性、生活方式属性上表现一般,仍存在"人性化空白"。所以,现在国内一线电商平台纷纷引入"红人资源"。比如,京东商城每年要投入至少 10 亿元资源,用于孵化头部红人,而且专门设置了"京品推荐官"。阿里巴巴在红人资源的孵化上布局很早,已经有了一套成熟的体系。

红人营销的真正亮点,在于情感属性和生活方式属性。现今,网络红人作为一个独特的"影响力群体",对消费时尚和潮流的引领,甚至已经超过传统明星。他们是"去中心化"的,不需要专业包装,不需要星探,和粉丝、消费者距离更近,粉丝几乎不会觉得跟红人有什么不同。这种情感、生活方式的共振,带来的营销能量是不可估量的。

现今,从"红人资源"的涨落几乎可以断定一个商业平台的兴衰。如果一个平台的红人节点用户越来越少,那只能说明它正在面临衰落,比如豆瓣目前就是这个状态。而新浪微博,因为有明星、公知、段子手这三大红人节点在持续输出内容,凝聚用户,所以仍能营造上升趋势。红人节点的最大作用,是价值感的输出,在内容中渗透情感连接和生活方式引导,给用户带来幸福感。

正如艾美奖的四连冠电视剧《广告狂人》的第一季,男主人公唐·德雷柏跟客户说:"广告建立在一样东西上,那就是幸福感,幸福感就是一辆新车的气息,是无所畏惧的自由……是无论你做什么都没问题。"不论时代如何改变,营销本质不会变。

第七章 新赛道：谁将最终颠覆广告公司

进阶方法论："智能创业"时代，如何设计你的营销策略

近年来，"智能商业"已经成了当今时代的普遍共识。至于是否超前，更多人会引用比尔·盖茨的那句名言："人们往往高估一两年的变化，而低估未来十年的变化。"对于创业公司、中小企业来说，或许用"智能创业"来描述这个时代的诸多商业变局更加贴切。确实，包括淘宝、京东商城这类大型平台在内，也开始在另一个维度（红人经济）上进行二次创业。

相比过去，"智能创业"时代有两个鲜明变化。一是消费市场的精准度、颗粒度空前提升，传统的营销强调"定位"，即瞄准某个细分市场。"智能创业"时代，市场的细分已经无关紧要，因为营销布局可以精确到某个人，这是一个从大众市场到细分市场，再到人人市场的变化趋势，不仅营销可以精确到某个人，整个服务过程也是全程精准掌控的。二是品牌与消费者已经连为一体，你不是给用户创造价值，因为至关重要的数据都是用户个体产生和创造的，只要数据质量足够好，你随时可以知道用户想要什么，你是与用户共同创造价值的。

"智能创业"时代的营销策略，将大不同于以往。对于创业者、中小企业主来说，营销策略可以基于以下4个认知层次进行设计。

基础层次：争夺声量

现今的绝大多数传统广告，都仅是争夺声量而已，而且效果也不太好。这就像人际关系，如果那些认识你的人，在平时的言谈中都懒得提起你，说明你在大家心中根本没有位置。这个时代的信息持续爆炸、公众普遍冷漠，传统广告再怎么有创意，也很难使更多的人产生兴趣。争夺声量，已经和媒体形态、广告创意没有多少关

系，关键是策略。

多年以前，争夺品牌声量、声势，最简单的策略是拿到央视标王，不管是什么广告，只要抢到央视黄金时段，广告效果是一定能保证的。后来，新媒体开始大量抓取、占有公众注意力，"双微一抖"（微博、微信、抖音）逐渐成了流量中心，可是你有没有发现，一些快消品牌几乎不会出现在新媒体上？比如脑白金。

脑白金广告这么多年来几乎没有变过，广告词一直是"送礼就送脑白金"，没有什么创意，甚至他们自己也承认这是无创意的广告。但不可否认，这个策略是成功的，实际效果好于绝大多数广告，很多人都记住了这个品牌。脑白金是保健品，目标对象是中老年人，而中老年人本就喜欢看电视。况且，这样的东西不是自己吃，而是"送礼"的。

特斯拉电动车没有做过广告，它至今也不是成熟产品，却供不应求，甚至买家要提前半年下单。开过特斯拉汽车的人知道，它的电池其实是几千节小电池捆绑在一起的，这给技术的可靠性带来很大挑战，加上特斯拉汽车大胆使用不成熟的无人驾驶系统，事故率相对较高。可是，这丝毫不影响特斯拉品牌的声量和热度。

埃隆·马斯克大胆发射了一枚"重型猎鹰"火箭，还搭载了一辆特斯拉电动车上天。马斯克特别会说话："我喜欢汽车在太空中漂流，或许它会在未来数百万年后被外星人发现。"这样的场景、台词，很多人真的被感动得热泪盈眶，也不怪美国媒体说"马斯克是三流的技术，二流的财务，一流的公关"。

一般层次：争夺漂移流量

争夺声量要靠策略，争夺流量要靠平台。很多国际大牌进入中国之初，往往会选择在百度上买关键词，这可能是它们跟谷歌、脸书合作的经验。时间久了，它们发现买关键词，总会有人竞价，费用会节节上升，甚至会高到大公司超预算、小公司买不起的失控程度。

如今，一些国际大牌已经考虑到这种情况，倾向在中国航空、东方航空、南方航空3个航机杂志上投放广告，然后在首都机场、浦东机场投放机场灯箱广告。尽管这样的费用也很高，但排除了竞价的干扰，操作更加灵活。如果你拥有的线上流量，都是花钱买的，终有一天会将你拖垮。因为这是漂移流量，始终属于平台，很难沉淀到品牌公司上。

一般来看，线上流量主要有3个来源，按照成本效果排序依次是：自带流量、先发优势换流量、拿钱砸来流量。微信、抖音的最大优势是流量便宜，它们一半是自带流量（QQ、今日头条导流），另一半是先发优势换来的流量。美团、饿了么的情况有点糟糕，一半是拿钱砸来的流量，另一半是先发优势换来的流量，不过外卖是刚性需求，流量大多能沉淀下来。

现今的流量定价，几乎不考虑实际转换率，因为平台认为哪怕它的流量在这家公司的转换率不行，总会在其他公司那里可以。另外，流量的实际意义也难以精确计算。

线上流量往往价格高得没有道理，渐渐使你丧失流量主权。尤其是很多品牌公司的营销部门因为有KPI压力，无奈之下往往会对一些劣质（甚至虚假）流量来源妥协。

咨询行业的一位大佬说过："最容易看人的时候，是让他掏钱的时候，这时，过去的一切都会烟消云散，兄弟情深、师生情谊，此刻都能看到真相。""付费意味着什么？对方真的有获得感、价值感，对方真的跟你关系很铁。"商业，是流量价值的最终裁判，而且，判决来得很快。所以，真正专业的营销公司绝对不会简单跟随流量起舞，而是讲实际效果和长期价值。

进阶层次：沉淀自主流量

漂移流量的最大问题，是话语权掌握在平台手里。当初你可能在电商网站、门户网站买过广告位，你可能在百度买过关键词，具体导入流量的效果，要看你做了多大投入，也要看你是否深谙平台的分配规则。从长远来看，你要将流量引入你的私人地盘，沉淀自主可控的流量，直接绕过"买推广"的环节，直接触达用户。

推特主要凝聚漂移流量，它像一个广场，每个人都可以在上面发声。那些意见领袖因为独到的见解、独特的魅力（甚至独特的资源），更容易获得关注。推特上的话题更多是公共议题，大概80%世界500强的首席执行官、几乎欧美所有新闻媒体都有推特账号。

脸书更像一个私人化和生活化的咖啡馆，大家认识或者间接认识，才约到咖啡馆里聊天，聊天的内容更偏向生活化。马克·扎克伯格在股东大会上提到未来方向——打通旗下所有聊天产品的私聊功能，整个脸书会朝着"私密社交"的方向发展，在很大程度上来说，脸书很像微信。

推特上的红人主播更像一些权威专家，脸书上的红人更像你的邻家姐弟，因为红人气质不同，推特上的广告更偏向大型企业、机构的形象传播，脸书更容易将品牌导入普通人的生活。

相比之下，微博上的大V（拥有众多粉丝的微博用户）

有专家、明星和企业家，也有很多草根红人，所以它兼具"广场+咖啡馆"的特征，而微信、抖音的"私域空间"特征则更加明显。

"智能创业"时代的主要发挥渠道，是社交网络和粉丝沉淀，所有营销策略都强调从对"货"的运营全面转向对"人"的运营。很早以前，阿里巴巴集团的首席执行官张勇就鼓励商家建立自己的数据流量池。淘宝高管多次表示"鼓励商家去运营私域空间，将红人自己的账号流量运营起来"，"淘宝本来就是通过卖流量给商家赚钱，现在它鼓励商家自己养流量"。当初，papi 酱、雪梨等早期崛起的网红店主，就是通过在微博上积累粉丝，然后跳转至淘宝进行流量变现的。

高级层次：用预测取代广告

广告的目的是什么？无非是唤醒消费欲望，促使人们购买。传统做法，是努力将信息植入人们的大脑。比如分众传媒就做到了极致，只要你等电梯，有 80%～90% 的可能被迫看广告，且渐渐会成了你的习惯，连抗拒心都会消失。曾经有人迫于业绩压力，将广告屏挂在了出租车的后座上，也不管晚上它对疲倦的乘客来说光线有多刺眼，噪声有多扰人。最近几年，公众用手机上网的时间多于电脑，不用再忍受电脑页面上密密麻麻的广告位和广告框。

2016—2017 年，广告行业的最大变化是"用内容驱动广告、用内容化解用户抗拒"。那时，中国在互联网领域投资数量最多的品类之一，是与内容、IP、自媒体和红人相关的投资。比如阿里巴巴、腾讯大举投资包括电影、网剧等内容产业，淘宝正在从一个货架转变成一个社交媒体，百度宣称要向内容生产者提供百亿补贴。

时至今日，各类红人主播成了流量中心，平台补贴（或者投资）的重点直接转向各个细分领域的流量红人。从长远来看，广告已经不是未来的商业模式，技术条件的不断进步和迭代，可以让你知道客户想要购买什么，并提前推荐给他们。目前，各类软件算法已经朝着这个方向深度进化，比如今日头条的迅速崛起，其中一个重大技术优势是"推荐"。而阿里巴巴、京东商城主要推荐的，不是内容和商品，而是红人主播。

预测和推荐最终将取代广告，甚至在用户意识到需要之前，产品就已经出现在用户的视野中。差别在于，预测和推荐是由机器算法做，还是由人做。格局变化很快，商家不必被平台流量捆绑，自己可以养流量、重视自身流量池，将每一个用户视作流量沉淀的一部分，而不仅仅是消费者。只要你真正懂用户，你自己就可以预测用户行为和推荐商品；只要用户足够信任你，你自己就是红人、大V，差别只在于流量大小。

对于广大创业者、中小企业主来说，运营过程都要处理各种各样的成本支出，包括产品成本、研发成本、市场成本、广告成本、销售渠道成本等，似乎这些多是固定成本，而产品成本可以稍微调节。可是，压缩产品成本，就会牺牲产品质量，客户吃一次亏就不会再来，那么在别的环节投入的所有成本都白费了。

那么，还有哪个成本可以调整？广告成本。但这并不是让你设法压缩广告预算，而是将其作为破局点。比如，小米的广告预算特别少，但是小米做线下实体店以后，雷军还能自豪于两个指标：一是每平方米27万元的销售额，平效位于世界第二；二是费用率在8%以内，即卖出100元东西只要不到8元的成本。所以，小米产品在净利润率不超过5%的情况下，还有相对不错的税后净利润。

从争夺声量、争夺漂移流量到争夺私域流量的进化过程，归根到底是从高效的广告投入破局，终结低利润的尴尬。"智能创业"时代的最大红利，是实现低成本的精准服务，是"智能联结"客户共同创造价值。

下篇

把握最新趋势动力

第八章　新经济究竟在哪里产生颠覆

2018 年，史蒂文·斯皮尔伯格导演的电影《头号玩家》（*Ready Player One*）在全球上映，不少科技公司高管认为，电影当中的虚拟经济是一个正在发生的未来。即使 VR 目前还不成熟，但是可以预期，若干年后 VR 90% 以上可以模拟 3D 世界中的东西，你甚至可以见到你想见的任何人。那时，人们除了生理需要，其他所有重要事情（包括接受教育、上班、恋爱、结婚等）都可以在网络虚拟场景中进行，这里的场景与现实世界几乎没有区别。

很多科技公司开始关注两个问题：现在很多国家开始布局 5G 网络，以此看来，电影《头号玩家》中的虚拟网络场景属于第几代？以《头号玩家》的技术背景作为参照，可以进一步思考，究竟什么技术能真正触发商业革命？以上两个问题算是在娱乐中的深度思考，已经点透了当下正在发生的新经济、新科技、新商业的底层逻辑。

关于第一个问题，《头号玩家》中的技术背景应该属于 5G 到 6G 之间。华为轮值首席执行官徐直军表示："5G 不是一个技术，而是一个概念。5G 甚至 6G 是诸多适合、成熟的技术集合。"在网络技术的加速创新、迭代中，我们可以确定，《头号玩家》中 VR 场景的实现不会太遥远。

至于第二个问题，我们可以想象，VR 将极大提升用户体验，降低运营成本，提升商业效率。这里的"极大"是多大？至少是 5 倍到 10 倍的效率和体验改进，这就是触发商业革命的临界点。

技术持续迭代造就了新的经济生态，经济不断重构触发了新的商业变局。那么，新经济究竟在哪里产生颠覆？

回顾过去百年工商业史，商业形态的深度进化主要有 3 个梯度：产品触达、信息触达和情感触达。

第一梯度：产品触达

1886 年，有一箱手表被错寄到了北红杉地区的一个小商人那里，那个商人不想要这箱手表，因为在他的小店里卖这箱手表，不知到何年何月才能卖完。零售业最大的亏损来源是不合理的库存，一个小店辐射的区域并不大，最怕"消化不良"。但是有一个人以较低的价格买下了这箱手表，此人是理查德·西尔斯［Richard Sears，西尔斯百货（Sears）的创始人］。他看问题的方式很独特，当时铁路网已经形成，他和铁路各个站的商店有联系，他把这箱手表卖给铁路站上的商店，一个商店一两块表，这样，一箱手表很快就卖完了。以前是在一个地方卖很多东西，后来在很多的地方卖很少东西，但加起来还是很多，这就是"商业连锁"的雏形，包括麦当劳、肯德基等连锁快餐店都受益于此，因为铁路、公路网络的辐射区域不断扩大，品牌可以更广域、更细密触达消费市场，商业潜力被充分挖掘。

第二梯度：信息触达

最近 20～30 年，互联网彻底改变了信息触达的路径，苹果、谷歌、亚马逊、腾讯、阿里电商彻底改变了这个时代的生活和商业模式：阿里电商和亚马逊从本质上改变了零售格局，脸书和腾讯改变了人们沟通、互动和社交的方式，苹果智能硬件（手机、音乐播放器、平板电脑）开始将互联网放进人们的口袋里，而谷歌的最大成功是实现了广告的互联网化，甚至用人工智能算法给数以亿计的用户进行消费导航。

第三梯度：情感触达

近年来，红人商业全面崛起，推进了传统营销的快速互联网化，开启了一个与谷歌、淘宝差不多的大机会，正在吸引越来越多的资本和创业者。过去是B2C，现在是B与C的互动，中间有红人主播的情感引导。这些红人IP的最大商业价值，是可以作为不同细分消费群体的品味代言人，实现品牌对用户的情感触达，将传统产品品牌升级成生活方式品牌。

现代物流网络升级了产品触达方式，现代信息网络彻底重构了品牌触达方式，红人商业则是将传统消费品牌升级成生活方式的标签（不仅仅是产品的标签）。

底层商业逻辑的升级迭代，刺激了新制造、新零售和新消费的全面崛起。

新制造："手艺经济"的崛起

作家蒋方舟曾去台湾拜访过一位报社社长，那位社长说他的儿子在台湾大学毕业，去哈佛大学读经济学，然后去加州大学读了EBMA，全部读完之后，儿子对他说："我该念的书都念完了，我不欠你的了，现在，我要去实现我的梦想了。"不久，社长的儿子做了面包师，开了一家网红店。蒋方舟忙不迭地对报社社长深表同情，对方却非常诧异，他说他为自己的儿子感到自豪。这样的人生选择，长期待在大陆的人怕是难以理解的。

近几年有一个流行词是"craft economy"，即"手艺经济"，厉害的手艺人现在比职业经理人还红。更重要的是，这从微观层面给"新制造"注入了很大的创新动力。很多人在实现一定程度的财务自由以后，反而返璞归真，开始尝试手工制作，比如自己烘焙、酿酒或者做陶艺。有人甚至直接辞掉工作，开网红店，将手工制作的东西呈现给懂得欣赏的人。一位华尔街的投资银行家收入可观，可是，现在他辞职开了一家酿酒厂，自己选粮食做手工啤酒和威士忌，国内好几家知名网红店向他长期订货。这位投行出身的酒厂老板说，永远不要忘记自己真正喜欢做的事情。

业内很多人认为，网络红人可能正在成为最大流量入口，并且向产业链上游延展，重塑制造业，即"点、线、面、体的交叉互动"。

2016年，红人直播开始兴起，而且可以立刻带动销售增长，尤其是服装品牌，一次直播甚至可以带来数十万元的销售业绩。而服装品牌也主动与红人主播合作，主要基于以下几个目标。

1. 品牌公司会邀请红人主播去国外游玩，拍摄时尚大片、视频，然后将大片、视频上传，通过"红人的时尚生活方式"来传递品牌基因。

2. 借用红人主播的粉丝社群，强化品牌嵌入，从而将流量向实际销售转化。

3. 不同的红人主播代表不一样的消费群体，消费品牌可以通过长期的数据沉淀与分析，精准定位不同的消费群体，从而快速了解这一群体的风格、喜好。

第八章 新经济究竟在哪里产生颠覆

可是，前端的红人营销做得再好，如果品牌公司提供的是库存货，这样能长久吗？红人主播（意见领袖）的商业价值，不是帮你去库存。

一个完整的红人产业链，制造端是关键。红人时尚、消费潮流都是一时之选，用户的爽点很快会过去，品牌公司要快速对接变现。济南一个服装品牌有240家供应商，有超过3万款产品，只要30件就可以生成订单。再小众的消费热点，只要有苗头，就会立刻被捕捉、被满足。

这家公司将内部组织分成三大板块：第一块是产品小组，只有4个人，但包括了服装行业最关键的4个岗位——设计、生产、营销、运营，任何人都可以成立自己的小组，成为掌门人或创始人，设计自己的款式；第二块是营销中心，协助每个小组在电商平台进行销售；第三块是生产板块，有240家供应商，协助4人小组解决供应商、面料、设计等问题。

几年以前，这个品牌曾经连续几年拿下淘宝服装品类的销量第一，但是在最近两年的"双11"活动中，还是被雪梨、薇娅轻松击败。确实，很多红人品牌还是传统打法，这里有两点特别值得注意。一是传统打法是跟踪消费潮流，但红人主播更加擅长创造消费潮流。二是传统打法主要将红人主播当作"产品代言人"，而优质红人本身就是一个品牌，是主角，而非代言；有些红人品牌尽管很早就有完整的产业链，尤其是产品力很强，但并没有真正站在潮流之巅，战斗力未能充分发挥出来。

关于新制造，马云认为，不是结合了互联网就是新制造，也不是一个产品加上芯片就是新制造。判断新制造的标准是按需定制、个性化、智能化、清楚自己的用户是谁，以及消耗的生产资料里有数据，简而言之是两个字——精准。只有做到了"精准"，企业才有

147

资格进入下一轮的商业竞争。马云基于阿里巴巴电商平台，更加强调宏观大势，可是回归微观层面，"精准"固然是努力方向，但新制造的最大看点是"精致"。

为什么很多精英人士愿意做手艺人？英国知名的《1843》杂志专门研究了"手艺经济"，比如美国华盛顿的一个一流律师辞职建厂做起了饼干，一个物流公司的职业经理人辞职做手工泡菜等。那些收入优渥、社会地位很高的精英人士，舍得放弃现有的一切做红人产品，也许不仅仅是情怀。为什么在数字化、智能化的新制造时代，有人反而想倒回去从事手工生产？《1843》杂志给出了一种解释：这是对大规模批量生产、同质化以及工业化的反抗。

机器可能有很高的智能，但是没有情感、趣味，手工艺人基于人的灵感、审美、情感和趣味，往往可以将产品做出预料之外的精致。那种灵光一闪的惊喜，也会给用户带来特殊的体验。超市里流水线上生产的泡菜，是一罐 4 美元，而手工网红泡菜是一罐 10 美元。买网红泡菜的人，和别人聊起来也会多一个谈资。谈资往往比产品本身贵得多。

新零售：捕获"无人超市"背后的真实需求

现在流量很贵，100 个人进入商圈，20 个人进店，可能 10 个人试过产品，最后有 4 个人购买，2 个人绑卡，旧的零售方式面临瓶颈，激发出了新零售。

> 回想 2016 年"新零售"被提起，到现在已经过去多年，其间究竟发生了什么改变？谁真正赚了钱？这里从一个故事说起。多年以前，一位美国超市老板对宝洁公司说：

第八章　新经济究竟在哪里产生颠覆

"只要架子上帮宝适尿不湿（宝洁旗下爆款产品）一卖完，希望新货马上就能到，不必每次都走订货的手续。"宝洁公司十分配合，甚至将两家计算机连到一起，做了尿不湿自动补充系统。不久，宝洁公司将这个"尿不湿"系统推荐给美国两大零售巨子——凯马特和沃尔玛。沃尔玛以开放的心态拥抱了这个"尿不湿"系统，并将更多品类连接进来，后来越做越大，渐渐成了全球零售霸主；凯马特试用一段时间以后，取消了续费，霉运来得很快，这家百货公司后来遭遇了破产，被西尔斯百货并购，2018年西尔斯也垮掉了。那段时间，"尿不湿"系统（自动化的供应链）就是新零售。

进入电商时代，在消费场景不断重构的大背景下，新零售到底是什么？简单归纳如下。

第一阶段，最早提出"新零售"的阿里电商认为，线上会员是新零售的核心，"要把会员变成可以运营的资产"，不同等级会员享受不同组合的"服务包"，要使用户有"特权感"。

第二阶段，雷军将"新零售"视作效率革命，要把电商的经验和优势运用到实体零售中，同时将（线下）体验、（线上）价格优势做到极致。特斯拉的做法与之类似，2019年年初开始，特斯拉要取消一线销售提成，逐步关闭线下门店，特斯拉电动车的所有销售人员，将转向用电商的手段解决实体销售的效率问题。

第三阶段，科技赋能零售，比如形形色色的"无人超市"吸收了大量风险投资，无人货架一度大量铺开，声势很高，但终究未能成为主流。

第四阶段，"红人带货"逐渐给消费市场带来新的变量，孵化红人（意见领袖）很快成为主流营销策略。

如此看来，新零售究竟"新"在哪里呢？无非是买家体验更好，卖家更赚钱。可是，为什么还是有那么多人不赚钱、体验不好呢？

过去的几年，新零售有一个鲜明标志——"30分钟"心理关。用户心中已经默认，未来买水果、点外卖，甚至买家电，都要30分钟送到，盒马鲜生已经开了这个头。当这一点成为常态时，已明显拉高了消费者的心理预期，这种高效率、快节奏反而是一个基本门槛，而不是消费体验。

可以预期，未来新零售的各种新标准会层出不穷，将使零售业的门槛不断增高，销售也会是一个高难度动作。当初，盒马鲜生首家店开业一年就基本实现赢利，且年度平效达到5万元/平，是传统超市的4至5倍。当盒马鲜生加快跑马圈地的时候，竞争对手（易果生鲜、美团买菜）很快进场，业绩增长的天花板立刻触手可及。毕竟，只能做周围3千米内的生意，范围大了，效率（承诺）难以保证。可是，3千米范围内的用户流量是有限的，就算这个区域的人口收入、人口密度特别高，但用户流量、实际需求就这么大，销售的毛利率的提升一定会面临一个天花板。

归根到底，这是赚效率、运营的钱。你的综合成本有一个警戒线，你要绷得很紧，稍不留神就可能出现亏损，哪怕你在数据算法、支付技术、物流配送、建仓策略、创造场景上下足了功夫。可是，物理的极限（用户流量）还是存在，始终存在。如果有竞争者（比如美团买菜）进入，区区3千米范围内的狭窄战场，局面就演变成了一场"茶壶中的战争"，价格被压到最低，最后是消费者赚到了，卖家只能沉淀一点流量。这种新零售模式，是在"（下有）紧绷的成本警戒线"与"（上有）确定的流量极限"之间的狭窄地带艰难赢利。

第八章 新经济究竟在哪里产生颠覆

新零售能否避免这种 3 千米内的战争呢？买家体验更好、卖家更赚钱仍是一个必要的检验角度。相比之下，小米公司所推动的新零售和效率革命，是有"交叉互补的产品矩阵"作为支撑，小米手机的利润可以很低（净利润率不超过 5%），但高毛利率的周边产品（如耳机、手环、充电宝等）可以进行补偿。如果没有这一前提，小米的新零售模式怕也难以持续。

苹果的线下体验店，无论如何也算不上新零售，它还是一家传统品牌公司，销售主要依赖优质的产品，用线下店打造更好的体验。苹果所有线下店的选址都是在黄金商业区，靠人流量获客。可是，苹果体验店不用靠拧毛巾式的运营赚钱，因为不断升级技术体验、迭代产品、完善产品组合，它的毛利率提升是没有天花板的——除了硬件（精致的产品矩阵）赚钱、软件（数字产品和知识产权）赚钱，流量本身也是利润来源（谷歌每年要付给苹果公司约 100 亿美元的流量费）。

不论是不是新零售，小米之家现在的平效可以达到 27 万元/平方米，苹果是 40 万元/平方米，也许这才是可持续的生意。这样来看，你能说国内那些新零售公司比苹果公司的传统零售更好吗？

新消费：迎击"深夜食堂"背后的万亿元生意

东京新宿街有一条深深的后巷，里面有一家小食堂，营业时间是凌晨 0 点到早上 7 点，被广大熟客称作"深夜食堂"。小食堂的菜单上只有豚汁套餐、啤酒、日本酒、烧酒，每位客人限点 3 杯酒。但老板表示，除了这些，只要你敢点，他就能做，如茶泡饭、八爪鱼红香肠、猫饭……里面有一句名言是："没什么是一顿好饭解决不了的，实在不行，那就两顿。"

后来，"深夜食堂"被搬进中国。北京已经提出，每个"深夜食堂"的特色餐饮街区最高可获500万元支持，每个"深夜食堂"门店最高可获50万元支持。同时，包括上海、天津、成都、济南等全国至少13个省（直辖市）市出台了类似措施。那些在深夜还未入睡的人，他们的消费诉求、品味表达，创造了一个新的财富风口。

从以下几个基本事实，大数据可以帮你的生意画圈。

1. 商务部的一份城市居民消费习惯调查报告显示，有60%的消费发生在夜间，大型商场每天晚上6~10点的销售额占比超过全天的一半。

2. 北京王府井每天有超过100万人的高峰客流是集中在夜晚，重庆有2/3的餐饮营业额实现于夜间，而广州的夜间经济更是贡献了全市服务业营业额的55%。

3. 那些繁华地带的城市名片最热闹的时候是夜市，比如北京的三里屯、上海的新天地、南京的夫子庙、香港的兰桂坊、澳门的威尼斯人……

4. 夜间消费市场的财富效应十分惊人，根据经济研究咨询机构科技商业研究（TBR）的研究，伦敦夜市提供了130万个工作岗位，年收入达660亿英镑，仅一个城市的夜间经济就创造了英国全国总税收的6%。美国居民已有1/3的时间、1/3的收入和1/3的土地面积用于休闲，而其中超过六成的休闲活动都在夜间。

未来消费市场将是一场商业"夜袭"。晚6点以后，正在成为一个新消费风口，也可以说，这是一种"逆电商化"的情绪消费。这是什么意思呢？比如，像口香糖这样的产品，靠的是消费者的冲动消费，大部分口香糖是放在超市收银台旁边的，人们结账时顺手就买了。比如，旅游景区的烤串摊一定是摆在路边的，游人路过时，即兴消费，不会有思考过程。

电商消费不是这样，用户会不断比价，然后看用户评论，因为口碑比品牌更值得信赖，反复比较以后用户才会决定下单。这样的电商消费，几乎消除了冲动消费的可能，然而对线下商家，这简直是一场灾难。

现在，冲动的、情绪的群体消费复活了。一些人是为了释放压力。现在年轻人很多是"996"（工作时间是早9点到晚9点，一周工作6天），工作时间越来越长，压力越来越大，在晚上有解压和放松的需求。下班跟朋友聚餐，到酒吧喝酒，去KTV唱歌，已经是年轻人的新常态。

更多人是为了缓解孤独。研究表明人的一生会遇到 8 263 563 人，会打招呼的是 39 778 人，会和 3 619 人熟悉，会和 275 人亲近，但最终都会失散在人海中。很多时候，你还是要一个人吃饭，一个人逛街，一个人花钱。可是，人不能活得像一座孤岛，任何人的幸福感，最终要回归到一种好的关系中。

入夜，烟火气是最大的优势。夜市，是人们扎堆冲动花钱的地方。花钱为何还要扎堆？因为你知道那里有很多跟你一样的人，自己并不孤独。

人们花钱，往往不是为了满足物质需要，而是消除孤独，是要那种被读懂的感觉。这不仅仅是人气和夜光，喜欢一座城市，因为你想要的一切都能被它读懂。

进阶方法论：如何启动一场"场景革命"

《未来简史》（*Homo Deus: A Brief History of Tomorrow*）的作者尤瓦尔·赫拉利（Yuval Noah Harari）对未来世界有过一个经典判断："人类只是终极目的——'万物互联'——当中的一环，人类一旦完成这一任务就可以功成身退了,从设计者降级为芯片,再降级为数据,最后在数据的洪流中溶解分散。"

目前来看,主流社会普遍用"数字化"来定义新经济,现在是数字化时代,我们的行为皆可用数字化的方式存储变成数据,进行流通。在数字化之后,一切皆可通过"在线"实现高效率、低成本的连接,形成一个庞大复杂的交互网络。

我们关注互联网,真正关注的是什么?其实就是连接。过去,百度、谷歌连接人与信息,阿里电商连接人与商品,美团、饿了么连接人与本地生活服务,滴滴、优步连接司机与乘客,天下秀连接红人与品牌。如今,你知道5G可以将人与物、物与物联系起来,千里之外的远程操作也能做到不延迟,这个大生态和实时性是革命性的。

可是,连接之后是什么呢?是场景革命。什么是场景?它不仅是时间、地点、人物、事件、连接方式,更是细节体验,哪些细节触及了你的痛点?刺激了你的爽点?哪些设计触动了你的情绪?然后,你会将相关细节、设计进行共享或者分享,流量随之变现,在互动中生成新的流量。打动人心的应用场景,才会引爆商业能量。

这里有一道智力问答题,可以测试你是否适合创业。

美国福克斯电视台在一个智力问答节目中出了一道选择题(二选一),A公司和B公司同时取得了技术突破,A公司开发了一种脑电波技术,可以轻松扫描人们大脑中的真实想法,可以使人无法撒谎,甚至藏不住任何秘密。B公司开发了一种实时定位技术,如果丈夫回家太晚,妻子不放心,怕他去了不该去的地方,丈夫可以立刻打开一个App给自己做证。

两家公司都保证,自己的技术会产生新的财富风口,你买了它们的股票,绝对是一本万利。请问,你会相信谁?思考时间是30

第八章 新经济究竟在哪里产生颠覆

秒。工程师和程序员普遍选择 A 公司，但职业投资人、硅谷创业者普遍选择 B 公司。你是否发现了以上两个技术最根本的区别？

A 公司的技术很科幻，但几乎没有可以应用的需求场景，因为正常情况下，谁能忍受被人窥探隐私呢？B 公司的技术相对普通，但可以应用的场景很多，如网约车、点外卖、拍照发朋友圈等，尤其对女性用户特别有吸引力，因为可以掌握丈夫的行踪。前者来自美国西雅图地区，那里有世界上最好的脑电波技术；后者来自硅谷地区，美国一流互联网公司大多集中在那里。为什么美国商业科技版图的中心地带是硅谷，而非西雅图？

比亚迪的首席执行官王传福说过："技术就像一层窗户纸，一捅就破。"所以，我们要看哪一种技术能代表未来，不是看技术多么先进，而是要看有没有一个广阔、纵深的应用场景，可以匹配这种技术。硅谷最大的强项未必是技术，可能是发现需求场景。

所谓"技术驱动型公司"，更多是一种从公关角度的表述，腾讯、阿里巴巴或谷歌、脸书，都不是将技术当作源头，用户需求、应用场景才是一切的起点。脸书的一位高管直言："这里聚集了世界一流的数学家和工程师，大家每天讨论最多的，却是怎样使用户多点击广告、多花钱。"微信的创始人张小龙有一个观点："设计就是分类，给场景做分类，这本身已经完成了设计的工作。"微信的设计之初，就已瞄准超过 20 000 个应用场景。

很多人说，从 2018 年开始互联网红利出现萎缩，即大片的需求场景已经被人占领，创新技术很难有好的用户场景可以切入。VR/AR、区块链和比特币曾经被炒得那么热，可是，大规模落地的应用场景至今没有实现。

需求场景是一切技术问题的最大前提，任何创新动力，都要服从产品交付和市场反馈。即使是传统行业、传统品牌，也是场景重于产品。

IDG资本投资周黑鸭和喜茶,核心逻辑是"瞄准用户的多巴胺/激素",而不是"瞄准用户的葡萄糖/卡路里"。只有在充满情趣、快感的场景下,人们才会分泌多巴胺/激素。比如你观看世界杯足球赛直播、你和恋人约会,周黑鸭和喜茶可以成为相应场景之下的一味调料。如果用户只是肚子饿了,要补充葡萄糖/卡路里,美团外卖就可以,周黑鸭和喜茶就不是合适的选项。茅台酒、哈根达斯冰激凌的价格那么高,市场需求量始终很大,这些品牌没有垄断技术、垄断产能,而是垄断了特定场景——在商务宴请的场景下,摆在桌上的茅台酒代表"尊重","爱她就请她吃哈根达斯",因为其他品牌的分量不够。可见,场景垄断是最强大的商业能量。

有人讲过一个电商创业成功的"胜者模型"(winner pattern),即"控货""控店""控心智"。"控店"主要指拓展渠道。国内的大型电商渠道不多,也就是阿里巴巴、京东商城、拼多多加上美团、饿了么,而且电商垄断越来越强,线下开店反而重新有了温度,包括美团、京东、盒马鲜生等平台也开始大范围拓展线下店面网络。

"控货"主要指建立自有品牌。好市多的自有品牌占30%,德国阿尔迪的占比高达90%,它们不仅能销售好东西,更能制造好东西,这才是世界一流卖家。

"控心智"主要指捆绑流量。一个城市20%的人经常可以看见,这一零售品牌才算被建立。一般零售店有30%的客人是回头客,就很不错了,但网红店的这一比例至少超过50%。

不过,这里要特别加上一条——"控场景"。

举例说明,有一个茶叶品牌叫古茗,10年前它在浙江台州的一个镇上开了第一家店,现今开了几千家店。在小镇上开连锁茶店,有什么诀窍吗?其实,这不需要硅谷大佬、创业导师教你,你只要是一个有心人，会发现在小镇上开店，装修不用高端、大气、上档次，但是灯一定要亮，最好成为当地的路灯。因为镇上的灯光通常是很暗的，你的店特别亮，顾客就会觉得这家店更好、更干净。这种对细节的洞察、"小聪明"，日积月累以后，构成了你独特品牌的气质。

为什么北京至今被视作"便利店死地"？因为你难以实现"控场景"。前几年，开便利店曾经是一个热门创业选择，如便利蜂、邻家等迅速扩张，其中邻家便利店最像 7-11。不久，因为投资方资金链断裂，北京有 168 家邻家便利店关店，几乎是"猝死"。

北京市政府希望 2020 年北京便利店能增加到 3 000 家，相比之下，上海现在已有超过 5 000 家，广东仅美宜佳就有过万家门店。如果将 7-11 作为参照系，目前 7-11 在台湾有 5 500 多家店，在香港接近 1 000 家店，在北京只有 250 家左右。要知道，北京常住人口数量几乎是整个台湾的人口，人口密度就更不可同日而语了。

场景不对，很多好的策略都难以落地。有人将北京市场称作"三个半生意"：一是马路太宽，导致只能做半条街生意；二是冬天太冷，还有各种大型会议，导致只能做半年生意；三是夜生活不丰富，导致只能做半天生意。另外，上海、香港普遍是街道文化，即二楼、三楼等高楼层用来办公或者居住，一楼是店铺，市民的所有活动可以在街道或者街区完成。但北京是"大院文化"，居民活动范围大概在 800 户到 1 000 户，所以每 800 户可以形成一个自然商圈。这种商业版图是稀稀落落的，难以将烟火气聚拢。

如同前几年的共享经济、互联网金融，新零售、新消费也使很多人再次在"风口之下，尽做蠢事"，似乎想到的都是错的，看到的都是表面现象。

新经济再怎么"新"，也无力解决品牌公司的成本结构问题。品牌公司的最大成本不是广告预算，因为广告投放后，完全可以赚回来；不是员工薪酬太高，他们是在帮公司打天下；不是研发、物流甚至渠道的成本太高，这些是可以摊薄的。品牌公司的最大成本，永远是库存和账期。因为产品卖不出，库存和账期会拖垮公司。

新零售、新消费因为场景不对，确实形成了一些"伪需求"，典型的是"无人超市"。超市有没有人，重要吗？顾客最在意的，是东西好不好，价格是不是便宜，以及结账排队要多长时间。现在，很多人想让无人机送货，但这已不是商业问题，而是政府管理层面的问题。很多人创业失败、投资失败，都是对常识问题视而不见。

在当今时代，你甚至可以认为，任何商业投入、商业竞逐都是瞄准目标商业场景的。新制造、新零售、新消费的任何进化迭代，都不会跳脱这一约束。赢得目标商业场景的具体打法，概括而言，就是以下3个步骤。

第一步，线上流量对应线下场景

一家创业公司想在社交媒体上推广自家产品，便找了一位微博大V，花高价让大V发视频广告。可是，表面上有几百万粉丝观看了广告，实际上真正进店的流量几乎没有，商品零成交。

红人带动流量不假，但流量是否带动卖货，这中间有一道鸿沟——契合用户场景。比如母婴、美妆类女性线上社区，活跃度是非常高的，有很多意见领袖在里面引导话题、制造声量，可是，活跃度再高也卖不出多少产品，为什么？比如线下卖场，一群女性聚会聊天，导购过来推销产品，会有效果吗？聊天归聊天，不会制造消费场景。但是，聪明的母婴品牌、美妆品牌会在大家聊得开心时，吸纳她们成为会员。女性用户大多是感性的，需求出现时，自然会想到相应品牌。数据显示，国内一线母婴品牌、美妆品牌，60%以上的销售收入源于会员用户。比如互联网医疗，用户可以通过手机App向医生在线咨询，但是这不会给医生带来收入。在真实的医院场景当中，你会有一种托付生命给医生的信任感，这是不可替代的需求场景。

所以，线上流量要有线下消费场景对应，红人主播可以引导流量，而设计消费场景是品牌自己的事，这是一个细致的联动过程。

第二步，整合线上线下流量，多使巧劲

前面提到红人主播引导流量，但品牌在设计消费场景时则要下更多功夫。更重要的是整合线上线下流量，多使巧劲。我们要注意，线上的流量对应线下的消费场景，这个"对应"只是初级阶段，"整合"才是重头戏。

比如有新电影上映，电影院在什么时段放映、排片多少，就是在引导线下流量。排片多一般是好事，可是口碑不好，豆瓣、猫眼平台上的评价太差，几乎可以给一部电影的票房"判死刑"。用户看完电影，往往会发朋友圈或微博，到评分网站参与热闹的讨论，在电影院这个场景的时间反而是非常短的。从社交媒体到评分App、票务App、电影院门口的食品柜台、电影放映厅，再回到社交媒体和评分App，这是一个完整的闭环。不过，对于那些好电影来说，则是"一千个人眼中有一千个哈姆雷特"，红人（意见领袖）可以给用户提供更多观赏角度，提示更多好的细节体验，这就是使巧劲、锦上添花，而不仅仅是带动流量。

美团外卖在使巧劲整合线上线下流量方面，是很有成效的。我们知道美团外卖是一个外卖平台，但不知道，它也是一个营销公司——创造消费场景的营销公司。比如美团与可口可乐合作，在30个城市开展可口可乐城市美食罐活动，就是用大数据甄选了30种美食搭配可口可乐。美团招募了上万家优质风味餐厅，当消费者在餐厅点餐时，加一元可以换购"美食罐可乐"。你也许知道汉堡配可乐、火锅配凉茶，但小龙虾能不能配可乐？吃烤串的时候行吗？海鲜可以配吗？美团在帮助可口可乐改变用户认知，拓宽可口可乐的消费场景。消费品牌的真正价值，是与更多用户创造更多新的共识，这就要创造更多的消费场景。

第三步，在进化迭代的互联网生态中发现新的消费场景

2014年，脸书高调布局VR产业，至今成效仍有限。数据显示，VR设备的销售数据很不乐观，脸书旗下品牌Oculus在2018年只卖出35万个VR头盔。作为对比，索尼家用游戏机PlayStation 4卖出1 700多万部。但这一销量仍远远输给亚马逊智能音箱Echo。原因十分简单：场景不对，体验不好。

做过微软执行副总裁、百度副董事长的陆奇先生说过，原本，亚马逊的技术远远不如微软和谷歌，可是，亚马逊竟能在人工智能产品上领先于主要竞争对手。"在人工智能的竞争过程中，更重要的是，把握正确的应用场景和生态系统。亚马逊主要是找对了场景，找对了设备。"

在早期的人工智能产品中，只有亚马逊推出的Echo成功突围，一年卖出8 000万台。为什么将人工智能系统置于音箱上可以获得商业成功？因为微软和谷歌都犯了同样的错误——将重点放在手机和个人电脑上，比如微软把Cortana（微软小娜）直接嵌入手机。因为人工智能的最佳商业化方式，是打造生态系统，你面对Echo，嘴巴一张，亚马逊网站上的所有品牌和产品立刻对接你的生活方式。而手机和个人电脑主要对应手指，不是对应嘴。亚马逊通过不同方式，创造跟你打交道的机会，比如你可能同时是Kindle、Echo、FBA（亚马逊物流服务）的用户，于是亚马逊就能从几个角度揣摩你、研究你，时间久了，就会比你自己还了解你。

英国经济学家阿尔弗雷德·马歇尔（Alfred Marshall）曾说经济学是研究"日常生活中的人性"。要真正在互联网中实现商业创新的落地，就要有一个足够大、多维度的用户生态系统与之匹配，这是"给创新找准商业化的出口"的重要步骤。

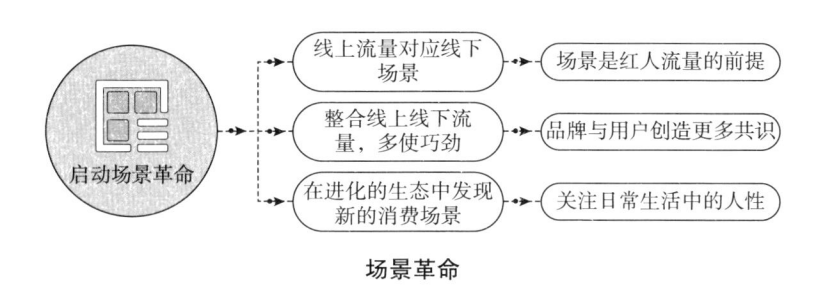

```
                  ┌─ 线上流量对应线下 ──→ 场景是红人流量的前提
                  │   场景
启动场景革命 ─────┼─ 整合线上线下流 ──→ 品牌与用户创造更多共识
                  │   量，多使巧劲
                  └─ 在进化的生态中发现 ──→ 关注日常生活中的人性
                      新的消费场景
```

场景革命

对于未来的创业公司、中小企业而言，要特别关注周边商业生态的进化和迭代，这不仅仅是巨头和平台的事情，也是你发掘最新商机、融入消费场景的必经之路。场景才是真正的商业化流量之源，不论是红人主播（意见领袖），还是品牌营销公司，设计好消费场景、与更多用户创造更多共识，才是其生存价值所在。

未来，互联网技术的创新迭代不会停止，但与之同步的，将是持续不断的"场景革命"。场景刺激商业，商业反哺技术，用户流量则在这中间反复摇摆。

第九章　新洞察：发掘红人商业的第一动力

有些话题有点沉重，但绕不过去。如果有人问你，中小创业者、自媒体人面对的主要用户是什么人群？你该怎么回答？

这里可以用排除法：几乎不可能是社会顶端那5%的精英阶层，这些人的品味、时间几乎和你不搭调，应该排除；也不可能是社会中50%的大叔大妈，这群人与互联网的最大交集，更多是拼多多，也应排除。两轮排除以后，你还有100% – 50% – 5% = 45%的市场空间。不过，美团的创始人王兴并没有这么乐观："中国的本科以上学历占比不到4%，互联网行业的观点、风口、趋势就在这4%里滚来滚去。"

那么，这4%的主力用户是怎样一个群体呢？可以用"都市中的新穷人"来描述。他们赚钱不少，但花得更多，频繁出入高档办公场所，追求品质、追随时尚，外表光鲜，但存款极少，甚至要靠信用卡来维持生活。结果，很多在5A写字楼里上班的人，其至没有一些送外卖的人有钱。

正如英国学者齐格蒙特·鲍曼（Zygmunt Bauman）在《工作、消费、新穷人》（*Work, Consumerism and the New Poor*）一书中用"新穷人"来形容年轻人：年轻人的穷有时候是无可奈何的，有时候是心甘情愿的，有时候是自作自受的，但没有年轻人愿意用消费代

第九章　新洞察：发掘红人商业的第一动力

替真情实感和真人的陪伴。所以，最高明的营销不是输出产品和品牌，而是注入"同路人的真实情感"，你要能真正贴近主力用户的精神气质。

你以为用户偏爱一种产品或服务，其实，用户只是想要解决一个问题，或者只是一种情感、情绪的表达。具体而言，红人商业的背后始终有一种情感动力（或者情绪冲动），你要有同位感，即你要真正体味如今年轻一代的孤独、"佛系"和瘾。这里要注意3个概念：孤独经济、家宅经济、瘾性经济。

孤独经济：你的孤独，如何成为别人的生意

《百年孤独》（*One Hundred Years of Solitude*）当中有一句名言：生命从来不曾离开过孤独而独立存在，生命的一隅始终有你形单影只的痕迹。

当今的商业语境中就有一句大白话：你的孤独，已经是别人的生意。

80后感叹孤独，我们容易理解，随着时间推移，他们逐渐到了中年，一个人待久了，与身边的人就无话可说。95后、00后反而特别享受孤独，他们有一种"孤乐主义"心态，与其在人群中委曲求全，不如选择孤独。前面提到，阿里研究院的数据显示，95后、00后人群当中，一个人看电影的比例高达54%，一个人点外卖的比例达到33%，所以，阿里电商系统开始推"一人食"、"一人租"、"一人旅行"、"一人火锅"以及"迷你小家电"、"自助唱吧"等。这是一种"单人的乐活模式"，更是一种新的商业布局。

女性人群拥有超乎想象的"悦己"倾向，最有力的一个证明是国内电影院线的数据，在39岁以下女性观影人群中，将近一半是

"一个人看电影",还有20%是"陪闺密看电影",陪丈夫、男朋友的反而是少数。

更多维度的"孤独经济"数据开始大量出现,如下。

1. 民政部发布的《2018年民政事业发展统计公报》显示:国内单身成年人规模超过2亿,其中有超过7 700万独居成年人。哪怕以其中一半作为市场基数,预计月人均消费3 000元,这个市场将超过3万亿元体量。

2. 数据显示:80%的孤独人士每月至少会花1 000元来排解孤独,有的甚至会购买昂贵的精神产品或服务。目前,仅国内宠物市场的消费规模就接近2 000亿元,涉及7 000万宠物用户,而且70后、80后、90后、00后分布均匀,显示出这类消费倾向的普遍性。

3. 阿里电商发布的《中国空巢青年图鉴》显示,孤独人群多为高薪职业,这些人不仅具有较高的消费能力,而且消费观念也更加开放,消费行为更加果断。

4. 2017年,美团外卖服务了1.3亿单身人;2018年,国内的游戏总用户规模达到6.26亿,网络游戏是排解孤独的重要方式,其中单身用户贡献了一大半的销售额;2019年,单身人士在"七夕"出门旅游的数量同比增长48%。

智能音箱一个季度的全球销量就是好几千万,你可以和它聊聊天,排解寂寞。苹果语音助手Siri是当下"孤独经济"的一个投影,Siri讲故事、说方言、唱Rap……持续的升级迭代,满足用户的内心渴望。"孤独经济"正在成为新的商业助推引擎,因为孤独,你我正在成为一种"微粒人",这意味着什么?

假如你买东西,都要跟丈夫或妻子、父母或孩子商量,那么你的购买行为就不能真实反映你的消费倾向、品牌偏好,关于你的各种消费大数据就是失真的。正是因为孤独(或者"孤乐"),你的购买行为才真实表达了你自己,各种消费大数据才会深度了解你。

孤独反而使你更加真实,在大数据监控之下,你的微博号、微信号、各种消费数据、每天在哪里出现、面容特征、步数特征,甚至写文章用词的习惯特征等,都像是在显微镜下的微粒一样,可以被清晰地看见、被轻易识别。"孤独经济"使你成为更有商业价值的"微粒人",数以亿计的"微粒人"构成了一个庞大的微粒社会。

家宅经济:赋能红人商业的新一轮红利期

"宅经济"是近年来的一个热词,不仅新闻媒体常提起,资本市场也有所反应,甚至出现了宅经济概念股。宅经济的红利期背后,主要有两大商业生态作为支撑——"移动工具生态"和"红人社群生态"。

什么是宅经济?仍以电影《头号玩家》中的场景为例,你只要戴上VR设备就可以进入一个叫"绿洲"的虚拟宇宙,在那里,人们除了生理需求,其他重要事情(包括接受教育、上班、购物、旅游、恋爱、举办婚礼等)都可以在游戏场景中进行,那里的场景与现实世界几乎没有区别。

现实中的宅经济不同于《头号玩家》的地方,在于它不是一家公司、一个平台、一个天才所能主导的,而是众多一线网络平台+红人粉丝社群共同构建的商业生态。这个商业生态包括远程办公(阿里钉钉、腾讯文档、华为云WeLink)、网购电商(京东、淘宝、天猫、拼多多)、社交社区(微信、陌陌、西五街、小红书)、资讯服务(头条、百度、腾讯新闻)、外卖生活(美团、饿了么、58同城)、娱乐视频(抖音、快手、优酷)、网络游戏(腾讯游戏、网易游戏)、在线教育(学而思、新东方、简书)和金融理财(蚂蚁金服、东方财富）等。这个商业生态更包括众多头部、腰部和精致的纳米红人，以及背后的 7 亿粉丝群体，他们构成了线上最具人气的商业流量中心。

宅经济的真正驱动引擎，是新一代消费者的形成，加上科技和商业的创新。具体而言，它可以看作社会学因素＋经济学因素的共振。

孤宅社会，是宅经济背后的社会学因素

从 90 后开始，单身和孤独就是一个不可忽视的社会问题。政府统计数据显示，2000 年出生的人口，男女比例约为 118.23∶100，男性比女性多 121 万人。此后几年，男女比例一直在 120∶100 左右，这一数据远超 90 后的水平（110∶100）。

00 后人口当中男性比女性多将近 1 300 万人。可见，单身和孤独的比例有多高。所以，包括单身公寓、一人迷你家具、智能家居、宠物经济、泛娱乐、社交商业等，都将成为这一人口结构（新一代消费者）的受益领域。而且，高房价、工作不稳定，都将成为年轻人交往的障碍。各种难以"治疗"的城市病，加剧了孤宅社会的现状，是宅经济的原动力。

科技商业创新，是宅经济的长期催化剂

2020 年春节期间，一家叫"乌龟海岸"的美国公司成了华尔街的新宠（年度第一牛股），基金经理们对乌龟海岸的关注甚至超过了苹果、谷歌和亚马逊。

乌龟海岸公司与"乌龟""海岸"都没有关系，它生产一种高敏感度的游戏耳机。用户戴上这款耳机，打游戏时如同加了合法的外挂，总能领先一步听到游戏对手的声音，并将其干掉。这款产品

第九章　新洞察：发掘红人商业的第一动力

（售价超过 3 000 元，比苹果无线耳机 AirPods 的价格高出两倍多）卖得如此火爆，可见，宅男宅女们的消费规模有多么惊人。

3 000 元耳机背后的新一代消费者，即新生代的"宅男女"，几乎颠覆了美国基金经理的投资理念。新一代消费者往往宅在家里，责任轻，更注重自身感受，特别享受 App 解决一切的"孤乐主义"。美国的宅经济概念股——亚马逊（电商）、网飞（流媒体）、乌龟海岸（游戏耳机）、达美乐比萨（网红外卖）、贝宝（线上支付）、Shopify（电商解决方案）等最近 3 年的股价表现要领先标普 500 综合指数 2～20 倍。

回归国内市场，未来宅经济的前景在哪里？过去 20 年的互联网流量，主要源于"击中人性弱点"或者"击中用户的瘾"。比如，游戏、直播、短视频让人沉迷其中，微博让人充分体验了八卦的乐趣，外卖、网约车让人变得更懒……

未来更长远的红人经济和宅经济生态，不是"顺着人性弱点"，而是要"击中人们最微妙的心理需求"。比如，新一代消费者更加追求个性，注重个人感受；崇尚自由，晚婚或者不婚；社交至上，品牌信任只会在小圈层中产生；愿意花钱在自己关注的事物上，比如养花、养宠物，对喜欢的东西容易形成刚性需求，比如会买 3 000 多元的游戏耳机。

以前，没有多少人在手机 App 上购买东西，界面显示都不全；在手机上玩游戏也不够爽，因为显示效果太差。但是过去 5 年，增长最快的几大平台（腾讯、阿里巴巴、拼多多等）其实就是解决了这两个痛点。

对于未来 5 年，现在已有两个痛点充分暴露出来——线上教育，学生自制力太差（影响学习效果）；线上办公，员工仪式感太差（影响工作效率）。我们可以大胆预测：未来新的巨头，很可能就是解决这两个问题。

而目前中国人均 GDP 刚刚突破 1 万美元关口，人们在生活习惯、做事方式等方面，本来就发生了各种变化，只是变化越来越明显，痛点也暴露得更加彻底。

目前，大型平台公司或小型创业公司，都在尽早考虑如何提前布局，具体的思路是重构服务链。最近 10 年，中国线下商业的中心地带是哪里？是超大型购物中心。

国内的餐饮、零售、休闲娱乐行业多以超大型购物中心为中心。中国的电商规模牢牢占据世界第一，但国内 70%～80% 的零售市场还是在线下。前几年，马云和王健林之争引起关注。阿里巴巴似乎没有将京东商城、拼多多当作主要对手（相反，这些同行还在帮它培育市场）。电商平台的主要对手始终是线下商业，如阿里巴巴要和万达地产赛跑。所以，如何抓住宅经济的长远红利期，就要看阿里巴巴如何开发新的技术、模式、消费场景，如何在线上替代超大型购物中心的功能。

抓住宅经济的红利，不是要你做一些以前没有做过的事情，而是建立更加成熟的服务链，将做过的事情体系化、立体化，比如，通过手机 App 将互联网电子商务、传媒、社区、物流、通信、食品和药品配送的集合作为一个完整的服务链。其中，京东到家打造了便捷的小仓物流及商家资源共享服务体系；名创优品快速反应，立即上线了"无接触配送"，满足人们日常所需的同时也确保接触安全；永辉超市、物美超市利用自身的社区服务资源提升物流及仓储周转灵活性。

现在，很多创业者、投资人抱怨没有了风口，都在存量市场里艰难竞逐。其实，新的风口（宅经济的红利期）正在酝酿中，就看你的眼光和准备了。

第九章　新洞察：发掘红人商业的第一动力

瘾性经济：成瘾性消费，是一种合法的"勒索"

2019年国内什么实体创业最火？很多人认为是电子烟。粗略统计，2019年上半年电子烟产业的投资案例超过35笔，投资总额至少超过10亿元。数据显示，全球90%电子烟产于深圳，但是从2016年起美国一直是电子烟销售的第一大国（全球市场占比40%以上），英国和意大利排名第二、第三，中国电子烟销售的全球占比只有6%左右。

资本大举投向电子烟，因为它很容易形成"用户黏性"，即上瘾很快。2018年，美国16~18岁的青少年中，抽过电子烟的比例超过30%（超过400万人），还没有哪一种成瘾产品的发展速度如此之快。一位电子烟品牌的创始人公开表示，自己原本不抽烟，看见商机之后果断投入电子烟行业，可不体验产品怎么能征服市场呢？不料自己很快沉迷其中，成了一个"烟民"。

如此看来，最火的创业项目不是电子烟，而是"用户上瘾"。什么是互联网思维？腾讯重"体验"，马云重"精准"，雷军重"效率和性价比"，其实，真正的互联网思维就两个字——"上瘾"。

上瘾，其实是人们内在的、隐秘的又特别强烈的欲望。过去，印第安人特别喜欢嚼一种烟叶，据说可以去湿气，后来点燃后闻烟味，时间久了，这种精神刺激在大脑中形成了一种神经元的固定连接，于是，这种"瘾"——固有的精神依赖就戒不掉了。

岂止是烟叶，包括社交、网购、网游，甚至炫富、炫技等，都能成为很多人固有的精神依赖，当戒不掉的时候，你也就成了别人商业上的提款机。曾经，百度是国内最赚钱的互联网公司，不过，很快被阿里电商、腾讯（社交+网游）超越，近年来，又接连跑输今日头条、拼多多。

不知你有没有发现，百度产品的最大弱点是"不容易上瘾"。相比之下，淘宝、微信、网游（比如王者荣耀）、头条、抖音、拼多多，个个都是"让操作用户上瘾的绝顶高手"。那些科技公司擅长提供上瘾体验，使你无时无刻不盯着手机；那些电商平台利用上瘾手段，使你身不由己地总忍不住想逛街、购物。

你是否有一种被挟持，但又乐意的感觉？可见，世界上最赚钱的生意就是使用户上瘾。如果用户对一个消费品牌上瘾、对一个微博大V上瘾，就会粉丝化（粉丝是"口碑的媒介"，粉丝规模决定了品牌的影响力）。营销的目的、红人的目的，就是要培养粉丝的"瘾"，让用户上瘾。

粉丝管理其实是一种成瘾性管理，涉及很多复杂因素，包括精神层面的、经济层面的甚至潜意识层面的，并非单纯的内容创作、语境创作就能完成。

石油公司、电信公司垄断用户市场，垄断的是产品和渠道。可是，阿里电商、腾讯，甚至微博、抖音，它们不能阻止竞品出现，不能控制电信网络，但可以掌握庞大的用户群体，因为用户有瘾。比如AWS（亚马逊网络服务）在创业的前10年，几乎没有什么竞争压力，但它仍自主降价了51次，就是要持续培育用户的瘾。腾讯持续将社交网络拓展到电商、网游、影视以及多种娱乐体验等方面，达到了一种"你是我的瘾，也是我的解药"的效果。

商业，实际上是商家制造各种瘾，然后给用户解药的过程。很多人学"谷歌方法论"，其实，真正的"谷歌方法论"就是一句话："这世界上一定存在使人上瘾的代码。"

你以为谷歌那些世界一流工程师，仅是用技术定义问题，然后用算法加以解决？资本和技术不可能总是关心人的真实生活，谷歌的工程师从来不会将"什么是用户的最好生活方式"当作考核指标，

第九章　新洞察：发掘红人商业的第一动力

包括谷歌、脸书以及其他主流科技公司，其商业模式几乎都是广告，那么，越多的用户、越长的停留时间以及更加确定的购买欲望，才是产品经理和工程师真实的压力所在。

只要用户足够上瘾，油管的用户就会看更多视频，脸书的用户就会点开带有广告的帖子。国内的资讯App（如今日头条）对每个用户的打开频次、滑屏速度都有细致分析，总能在你最舒服的时候，恰到好处地推送一条广告。

很多时候，对于为何会买这件东西，为何会去某个地方游玩，为何会看这部电影，用户自己也不清楚。

"使人上瘾的代码"已无处不在，你以为是基于自己的独立意志做出的购买决定，其实是那些代码在操作你的"瘾"。谷歌旗下产品Gmail的负责人有一句话是："历史上从来没有哪一个时刻，公众的生活能被脸书、谷歌和亚马逊（国内对标腾讯、阿里电商和今日头条）的那些25～35岁的男性技术人员所深刻影响。这些人手下诞生的代码和设计，决定着数亿用户每天的钱怎么花，时间该以何种方式度过……"

进阶方法论：如何创造社交货币

红人商业的深层次驱动力，不是产品功能和技术性能，不是效率和性价比，这些是底线，而底线之上更多是情感、品味的溢价。沃顿商学院营销学教授乔纳·伯杰（Jonah Berger）将当今的消费价值切割成了两个部分：一部分用法定货币（legal currency）进行衡量，另一部分用社交货币（social currency）进行衡量。

法定货币是流通中的计价货币，主要有三大功能：流通手段、交易媒介和价值证明。法定货币主要用于衡量产品或者服务的交易价值，解决消费者的各种生活需求，包括衣食住行等。社交货币主要用于衡量个人或者品牌的形象价值，即消费者的形象气质、定位是可以估值的，这是更高层次的无形资产。

人的5个基本需求层次是生理需求、安全需求、情感和归属需求、尊重需求、自我实现需求，越往上，社交货币作用越大。

个人或者品牌，在社交场景中的每一次表现，都可能兑换成相应维度的社交货币，你会获得"有品味"、"有质感"、"值得信任"或者"平庸"、"猥琐"、"名不副实"等不同标签。外界的评价，将会成为你必须承担的负荷。关于社交货币的具体操作，需要注意以下3个要点。

社交货币无处不在，几乎是没有界限的

中国是一个关系型社会，很多时候，给他人添麻烦本质上是在发行社交货币。懂得向他人寻求帮助，不仅不会被人讨厌，还是"行走江湖"的必备技能。

与人做邻居，房子就成了一种社交货币。因为你的见识、身份和未来，往往取决于你和谁走得更近。

社交货币是艺术品投资的核心。如果没有相应维度的社交货币积累，你有再多的钱，也很难做好艺术品投资。千百年来，投资古董字画、珠玉宝石，只要不是赝品，买入后就很少有跌价的，不像股价那样涨涨跌跌。但是，一般人绝对没有能力将艺术品当作投资品。艺术品跟基金、股票、房地产是不一样的，关于基金、股票、房地产的估值以及相关风险、投资预期，都有成熟的理论和渠道，也有非常详细的历史数据。相比之下，艺术品投资的最大风险是没有流动性，即有价无市。哪怕是苏富比、佳士得、保利等世界一流拍卖行，多数时候也不能帮投资者赢得一个好的回报。

第九章　新洞察：发掘红人商业的第一动力

做好艺术品投资的最大前提是，你要知道一流玩家的圈子在哪里，他们是真正认识好货、出得起钱的人，不要说被圈内人认识、认可，就是沾到圈子的边缘也要经过很多层关系，还得用很长时间、很大代价去经营。这种社交货币是金钱、人情、机缘长期融合发酵的产物，十分难得。

地产界大佬冯仑曾说过："你有多少钱，不是看你银行账户上有多少钱，而是你需要用钱的时候，这世界上有多少人愿意借多少钱给你。"

马云曾公开表示，自己最大的财富是朋友："如果我离开这家公司（重新创业），我跨出这个门，相信拿起电话，1 000 万美元就会在 3 天内到账。"马云的假设已经在李开复身上变成了现实。2009 年 9 月，李开复宣布离开效力了 4 年的谷歌。3 天后，他带着募集到的 8 亿元投资开办了创新工场。为李开复提供资金支持的都是著名企业家，包括美国中经合集团的董事长刘宇环、油管的联合创始人陈士骏、富士康的董事长郭台铭等。这些人多是李开复的老朋友，打一个电话、在美国吃一顿烤鸭、在日本餐馆吃一次生鱼片就能解决资金问题。顶级创业项目，都是顶级圈子中商业能量的自然延伸。

那些顶端位置的红人品牌，也起源于顶端圈子，始于高价值社交货币的适当运用，特斯拉电动车就是典型案例。纵观国内，小罐茶品牌通过航空杂志媒介，先从高端商务人士切入；褚橙品牌先从企业家群体切入；"硬科技白酒"品牌开山则是从互联网新贵人群切入，慢慢在人群中扩散。顶级红人品牌，都是顶级圈子里消费品味的自然扩散。

品牌层面的社交货币——贩卖信任感和特权感

当下，社交营销、社交商业渐渐成了生态主流。充分积累、运用社交货币，将产品、品牌嵌入社交场景+聊天话题+优质内容，你甚至会分不清是在聊天，还是在做广告。

母婴行业是在这方面做得最好的。一家母婴电商，95%以上的生意源于会员，每服务100个妈妈，就有76个会成为会员，这是怎么做到的？因为女性怀孕，一定会去做产检。女性一进入怀孕期，就特别敏感，她们有一个很大的"瘾"——倾诉。那些母婴电商、母婴领域的红人主播特别擅长聊天，和婆婆吵架了怎么办？和丈夫闹不愉快了怎么办？奶粉怎么泡？纸尿裤怎么换？所以，她们是一个特别容易被营销的群体，属于社交货币的富矿。

微信朋友圈被普遍认为是一个社交货币的发行地。可是，现在有一种声音表示：朋友圈反而使人感到更孤独。这是技术带给我们的一种错觉。你在刷朋友圈的时候，好像可以关注任何你想去的地方，好像那么多人中总有人关心你，但是你只要放下手机，单独待几秒钟，那种焦虑感仍然存在，你始终是一个孤独的微粒人。

技术未必真能使你摆脱孤独感，但商业可以。这当中有两个原则：去平均化和多维度发掘。以下分别举例说明。

去平均化

你可能早就听说过"精准医疗"，这在技术上是没有问题的，但只有成为一门生意，才能大范围推广。

有一位幼儿糖尿病患者，病情有点复杂，如果血糖过低，就会躁动不安，行为失控，如果血糖过高，就会陷入呆滞，几乎没法与人交流。医生是怎么治疗的？取平均值，每天记录3次血糖值，然后据此用药。当患者觉得没有被"特殊对待"的时候，情绪总是失落的，孤独感会加重病情。后来，一个商业医疗机构采取了精准疗法，用一套精

第九章 新洞察：发掘红人商业的第一动力

确的数字化血糖测量仪，全天候记录患者血糖、心率、压力等数据。即使是一顿饭，它也会精确记录，比如早餐吃了96克全麦面包、17克花生酱。效果显著，患者比以前多了40%的舒适时间，情绪开朗了，治疗逐渐进入良性循环。

这给现代商业带来了很大的启示，你不仅要给病人（用户）提供好的产品和服务，更重要的是，你要去平均化，给他们提供"被特殊对待的感觉"，即提供特权感。

多维度发掘

孤独的微粒人的另一层意思是，你的孤独使你的数据更加真实。你各个维度的特征被清晰记录，被纳入算法，会持续给精准商业提供动力。

百度发布过"中国十大'吃货'省市排行榜"，其中的分析非常仔细，如北京网友最经常问的是"某某的皮能不能吃"，内蒙古网友最关心"蘑菇能不能吃"，宁夏网友最关心的竟然是"螃蟹能吃吗"？

百度不用做民意调查和饮食习惯研究，只要在"百度知道"的7 700万条"和吃有关"的问题里进行挖掘。孤独的人普遍更愿意在线上表达观点，"百度知道"的主力用户大多是独身人士。

这是一场关于维度的智慧开发。"百度知道"的数据维度很多，一般维度涉及食物的做法、吃法、成分、价格，隐含维度包括提问者或回答者的个人信息、用什么手机或电脑、用什么浏览器等，这样可以综合得出不同年龄、性别和文化背景的人的饮食习惯。如果结合每个人使用的手机品牌和型号，分析他们的收入，甚至可以得出不同收入阶层的人的饮食习惯。

大量微粒人的"孤乐主义",将使各种隐形的数据维度显性化,将原来看上去没有关系的维度联系起来,对数据持续挖掘、加工、整理,将给消费市场提供有力的导航。

那些比较好的App,总能在恰当的时候、恰当的消费品类上,给你恰当的福利,隐隐给你一种"被关注的快感""被读懂的快感"。

"被读懂的信任感""被关注的特权感"就是社交货币的深度沉淀,无形的、细腻的情感营销是智能商业的发展方向。

社交货币的产出流程

美国一家机构的调查数据显示:在美国单身女性购买频率最高的生活物品中,剃须刀排名第4。美国商场出售的80%的剃须刀的直接购买者是女性。

这是不是特别奇怪?女性不长胡子,为什么买剃须刀呢?显然是送人。女性送给男性礼品,剃须刀很合适。价格不贵,也有不同档次,对方肯定用得上,而且很多关系都可以送,送男朋友、父亲、男同事可以。这是一种特别好的社交货币,因为有社交属性,东西就有了溢价,你要送得体面,最好是人们一看便知它值多少钱。2018年阿里电商的数据显示,从单价来看,女性购买剃须刀比男性更舍得花钱。

2019年开始,盲盒在90后和00后的圈子里特别火。花59元钱,你就能买到一个小纸盒,里面装着一个可爱的人偶玩具,那是一种能放在办公桌上的小摆件。刺激的是,拆开之前,你并不知道

第九章　新洞察：发掘红人商业的第一动力

会拿到一个系列里的哪一款，比如，是戴着泰迪熊帽子的小娃娃还是穿着宇航员服装的小娃娃。令人吃惊的是，其中一个59元钱的限量版娃娃，交易价格2 350元，已是原价的近40倍。甚至还有一个规模千万级的二级市场，专门有人炒作。为什么会这么"疯狂"？因为这是一个特别成功的社交货币。盲盒营销的精彩之处，在于将自己打造成一种社交货币。

没有人喜欢孤独，只是缺乏精彩的话题。盲盒的玩法，不仅很容易让人上瘾，而且还特别具有"围观"和"经验交流"的特质。在盲盒玩家的圈子里，自己购买盲盒然后拆开，这只是基础玩法。社交网络上有不少拆盲盒的视频，如果一位视频发布者运气好，只花了很少的代价就抽到隐藏款的娃娃，就会收获大量的"赞"。而且，盲盒爱好者还组建了交流群，分享买了什么盲盒，拆到了什么样造型的娃娃。也有很认真的玩家，会在网上发布经验帖，内容是如何根据盲盒的重量、尺寸、摇晃的手感等因素判断盒子里是什么造型、会不会是隐藏款。那么，盲盒营销是否可以复制呢？

打造社交货币的套路不外乎5个步骤，如下。

1. 创造话题。

美国有一家生产饮料的公司叫斯纳普，它在饮料瓶盖里印了一些冷知识，比如"据说袋鼠可以向后跳跃""据报道，每个人一生中平均要花两周的时间等红绿灯"等。它用一些新颖的、容易引起人们好奇的话题，作为品牌载体，供人传播。

2. 嵌入聊天过程。

你要想方设法将你的品牌嵌入更多人的聊天过程，以前小米、格力做得很成功，不仅销售了产品，也使雷军、董明珠这些红人（意见领袖）火了，现在模仿的人多了，就带火了一个红人产业链。

3. 场景刺激。

啤酒品牌在宣传各种聚会、体育赛事时侧重于宣传产品本身。很多快消品广告，就是想方设法勾起你对一些消费场景的快感。

4. 纳入社群。

销售火爆的盲盒生产商泡泡玛特进行了官方统计，它的用户中有75%是女性，30岁以下的未婚人士接近50%。女性喜欢聊八卦，小红书的走红就是证明。盲盒在销售最火的时候，泡泡玛特就创建了纳米小红书平台，除了提供平台给红人主播带货，也使更多人的好奇心有更好的表达出口。

5. 创造身份需求。

当你为盲盒带来的小惊喜欢呼时，证明你还很年轻，至少你有年轻的心，这是你的身份信号。为什么电动牙刷的产品再好，也难以做品牌呢？因为它很私密，别人看不见。为何苹果耳机容易走红？因为别人一眼就能看见，牌子代表了你的身份和品味。

社交货币的产出 = 创造话题 +（品牌）嵌入聊天过程 + 场景刺激 + 纳入社群 + 创造身份需求

社交货币的产出

现在，我们已经不能用"风口"来描述孤独经济、家宅经济和瘾性经济，因为那些是人类根深蒂固的精神状况。相关的商机一定会向周边蔓延，刺激互联网技术和商业模式的不断进化。红人商业的第一动力永远是年轻一代的精神诉求，也只有商业才能与你的孤独、"佛系"和瘾契合。

第十章　新思维：创业者如何在新经济时代升级技能树

几年前，河北高速公路的收费站被 ETC（电子不停车收费系统）取代，大量收费员被裁。有人感叹："我今年 36 岁，没有人愿意用我这么大岁数的员工，我的青春都交给收费站了，现在我什么也不会，也学不会新东西，以后该怎么办？"

那么，他们的生存危机是怎么开始的？这里，我们先看看他们的技能树。

一阶技能，收银沟通，按照流程完成收费记账。

二阶技能，高效完成公路收费。

三阶技能，亲和力，保持露八颗牙的微笑。

技能树是否有助于你形成一种"转型能力"，哪怕转换工作场景，也能轻松适应？技能树是否具有充分的"升级空间"，你能通过不断升级迭代，实现不可取代？公路收费员的技能树因为简单，换任何一个人，培训 3 天就可填满所有技术空白。他们唯一的生存机会，就是体制保护，而这是最脆弱的。所以，盘点你的技能树，如果没有足够的"转型能力"和"升级空间"，生存危机随时会来。

有很多聪明人总能先人一步，抓住创业风口，但每赚一点钱，就不得不撤离。有一个叫陈一舟的风险投资人，以前是创业者。当初脸书、推特崛起之时，陈一舟第一时间创办了最早的校园社交工具——人人网，获得了不少投资，当时很火。不久，腾讯的 QQ 出现，陈一舟感觉对手强大，立刻转型做视频网站，又获得了很多投资，做得风生水起。很快，优酷、腾讯视频、爱奇艺这些大平台开始崛起，陈一舟被淹没其中。

有一种创业者，特别会抢风口——"转型能力"很强，很会融资，但是站在任何一个高点都待不久，每次刚刚触及行业高点，逆风就来了，还没有信心翻盘——把握不住"升级空间"。其实，这样的特质更适合做风险投资。红人经济时代的创业公司和中小企业，要以怎样的心态和策略去持续升级技能树呢？

反投机：职业主播、纳米红人将主宰未来的品牌战场

品牌公司、创业公司要踩准直播电商的风口，但是，不要有博弈的心态。你不能总是计算投机和短期的账目，投 x 万元的营销费用，非要做到 y 万元的销售收入，看到这次赚了钱，就想着下次加码。

直播电商不是少数人、少数公司的风口，长期来看，真正的 C 位（核心位置）不属于李佳琦、薇娅等人，也不属于影视明星。C 位的迁移已经发生，职业主播、纳米红人将主宰未来的品牌战场。

空间维度是销售职业的"广泛红人化"，各个垂直的消费市场中，导购员 2.0、导购员 3.0 被孵化出来。

时间维度是长远可持续的品效合一，真正好的直播电商不会追求引爆哪一场带货业绩，而是引导职业主播、职业导购帮助中小商家，慢慢增加销售业绩。

策略维度需要千千万万的红人主播基于一套可复制、可迭代的电商直播技巧，渗入消费市场的各个细分领域。

第十章 新思维：创业者如何在新经济时代升级技能树

职业主播这一重要经济要素已经实现了全域触达，这不仅是"去中心化"理念在消费市场的真正落地，从广州、杭州等地的政策支持来看，也是优化社会资源配置的重大举措。

卖一件东西，没必要花两份钱

现在甲方（消费品牌）越来越不敢花钱做品牌，担心钱花出去后，短时间没有收益。这不是有没有钱的问题，哪怕是麦当劳、联合利华这类大公司，也在考虑CMO（首席营销官）这一职位有没有必要，毕竟售出一样产品，没有必要花两份钱。

第一份钱，传统品牌可能会花100万元拍一个不错的广告片，花50万元策划一款精美的文案，进行楼宇投放、路边投放，长时间的广告投放，大家会不会有厌倦感？

第二份钱，品牌做全渠道铺货，先交给经销商，经销商转售给分销商，分销商转给超市，每个环节都是有费用产生的，比如超市要收20%～30%的入场费（即货架费）。

品牌的意义是什么？无非是铺货能铺进人们心里（广告渠道），铺到人们面前（货架渠道）。品牌不必困惑于"是谁砍掉了品牌预算"，"是谁杀死了Adman"，应换一个视角看待问题，以前往往会用广告、货架解决问题，如今会试图用一切方法解决问题。

电子商务的最大好处，是你做了很多广告投放，如果没有钱向线下铺货也是可以的，因为你只需要把广告做出去，开一个电商店铺，导来的流量就可以进去购买商品。直播电商的更大好处，是广告投放也可以省略，不用线下租货架，因为好的内容、红人、社区达人本来就是"广告位＋新货架"的合体。

当电视台、门户网站和超市处于C位时，孵化一个品牌大概要10年时间。当电商网站、搜索引擎处于C位时，孵化一个品牌大概要 5~6 年时间。当红人处于 C 位时，孵化一个品牌 3 年就够了。比如，钟薛高、喜茶、元气森林的崛起，哪一个超过了 3 年？螺元元在成立不到 3 个月的时间内，就在螺蛳粉的红海竞争中创造了奇迹，3 个单品卖出 100 万，有一个非常好的势头。

众所周知的头部红人，可能仅有 10 个，但今天已经有几十万、上百万直播从业者，其中有 10 万或 20 万人可能更加适合某些品牌。螺元元、钟薛高、喜茶、元气森林等哪一个是仅靠头部红人崛起的？这些品牌崛起的背后，是不计其数的肩部红人、腰部红人、纳米红人的优化组合，实现对目标用户最大范围的精准触达。不错，未来的红人经济会越来越倾向快节奏的全域触达。

直播带货的"全域触达"方法论

最近几年，商业理论中"全域""链路"等词出现的频率颇高。最早，阿里巴巴的"全域营销"理论框架中有"AIPL"模型；后来，腾讯明确提出了"全链路营销"；2019 年，字节跳动提出了 5A 链路模型；2020 年年初，爱奇艺也说明了自己的链路模型"AA-CAR"。我们对这些商业理论模型的具体内容不必深究，它们的指向是非常清楚的——覆盖用户生活方式的方方面面，以及所有影响消费决定的场景细节。

直播电商尽管也瞄准全域触达，但是更加看重不同消费场景的自然串联，以及红人与粉丝（消费者）的互动循环，真正的方法论核心是 3 个关键词：消费链路、循环迭代、系统沉淀。

消费链路：选品会"借景"

瘦西湖畔有 3 个著名景点：五亭桥、白塔、钓鱼台。当年乾隆皇帝南巡，来到瘦西湖观景，扬州的盐商们为了

第十章　新思维：创业者如何在新经济时代升级技能树

讨好乾隆皇帝，两个最有钱的盐商分别出钱修建了白塔、五亭桥，希望以此博得乾隆皇帝的青睐。还有一个盐商没有那么多钱，但人很聪明，在白塔、五亭桥之间建了一座钓鱼台。

乾隆皇帝到钓鱼台休息，一边能看见白塔，一边能看见五亭桥，两处美景都能收入眼底。于是，乾隆皇帝重赏了那位钱不多，只能勉强建钓鱼台的聪明盐商。他的聪明，就在于建筑学上的"借景"。

在消费者的整个决策链路中，红人主播能真正发挥作用的也是"借景"。比如一个剃须刀或吹风机品牌，你可能先在自媒体上看到了，又在电商"6·18"大促销活动中被触达，但你没有购买。坐飞机时杂志广告触达了你，接着你又在线下实体店中试用了。最后，在某红人主播的直播间里，你终于决定购买。

一个消费者会在多个不同场景下，拼凑一个完整的购买链路。其实，这个消费者并不是看了某位主播的推荐，就突然做了购买决定，自媒体、电商"6·18"活动、航空杂志以及线下实体店，都已经在他头脑中种了草，这些都是红人主播借的"（场）景"，他们顺势临门一脚，促成了他的购买。

曾经，一位财经大V做了一场直播，商家支付了他6位数的费用，结果直播只做出了3位数的销售额，因为他没有明白消费者的购买链路。这位财经大V的粉丝定位，主要是企业主和一线白领，他们经历的消费场景更多是小圈层的精致，你不能用售卖大众产品的方法服务高端用户。如果选货时，你没有做好"借景"，人不对货、货不对景，难免遭遇尴尬。

罗永浩在这方面就做得比较好，他瞄准宅男忠实粉丝，关注他

183

们的生活轨迹，借在他们头脑中已有的直接、间接的体验场景，选货时偏重投影仪、剃须刀、办公用品等。他的临门一脚，促成了粉丝的购买。

循环迭代：推广有节奏

品牌商家不要误解了红人经济，不要将销售的希望全都寄托在红人主播身上。真正聪明的品牌商家，擅长借助红人主播的影响力、传播力建立"对自己有利的自循环"。

这里以螺元元为例。

> 螺蛳粉是一个很容易鉴别的产品，有人3天不闻螺蛳粉的味道就难受，有人却非常讨厌。中国大概有几百个螺蛳粉品牌，在这样一个竞争激烈的市场中，螺元元作为一个完全没有线下渠道的网生品牌，如何做到了3个单品3个月卖出100万的？关键在红人运营。
>
> 在摸索期，他们找了很多配合度好的小微红人，即十几位粉丝量数千、数万的红人，把产品分时段分发给众多红人进行反复合作。
>
> 通过小循环实践，螺元元会知道：在某个时间段内，某个产品最好卖，某个定价最好卖，哪些台词最有用，哪些包装最好卖；同时，也知道了如何应对直播用户的问答，从而不断改良行为模式，提高直播效率。
>
> 在初步成长期，螺元元深入挖掘了一些腰部红人，进一步突出卖点，提高直播转化率。
>
> 一些人可能从来没有吃过螺蛳粉，打开包装发现臭臭的，怀疑是不是坏了，那么如何在直播时给大家描述这个

第十章　新思维：创业者如何在新经济时代升级技能树

味道？如何在评论区与消费者互动？这些问题需要什么台词、什么演示细节来进行匹配？

在加速成长期，螺元元尝试与头部红人合作。有了之前小循环、中循环的经验基础和消费者认可，螺元元和一个头部红人合作，卖出了4万单。

这当然不是一两个头部红人的战功，而是之前的做法使很多人的头脑中产生了隐约的体验场景、朦胧的产品认知，头部红人"借景"，顺势集中释放了粉丝消费者的购买力。

中小品牌尝试直播带货，一定要由小到大，由台词、互动、动作细节开始，逐渐形成一个体系，不断建立"对自己有利的自循环"，小循环、中循环、大循环，层层递进迭代，才能实现有节奏、可叠加、可预期的销售成功。

系统沉淀：直播带货是销售的开始

要真正发掘红人经济的潜力，就像减肥，你不可能会一步到位。减肥的必要步骤，是多做一些慢但消耗体力的运动。减肥的早期，你几乎看不到体重的下降，因为肌肉增加了，抵消了脂肪减少带来的体重减轻。不过，有了肌肉的劲力支撑以后，你可以做更强的运动，随着体能的增加，运动量逐渐加大，这时运动减肥的效果逐渐显现出来。

同样的道理，发掘红人主播的商业潜力，也不可能一步到位。你要经常思考，红人直播间的每一场活动究竟给你沉淀了什么？你想要的长期效果是什么？如何做到品效合一？

谷歌经常告诉它的客户，不要过于看重立即触发消费的"效果广告"，比如电商广告，因为这种广告的累积效果比较差，只要竞争对手做同样的广告，就可以把流量导走。广告大师大卫·奥格威（David Ogilvy）认为："每一次的营销行为，都应视作对整个品牌的长线投资。"那么，如何借助红人主播实现品效合一呢？

> 有一家创业阶段的美妆公司，总共请了500多位红人主播，粉丝规模从数千、数万到数十万不等，并且根据实际的带货效果追加对部分红人主播的投入。
>
> 这家公司的最大亮点不是请了很多红人主播，丰富自己品牌的传播矩阵，而是对红人主播、产品、话题、粉丝互动效果，建立了人工智能数据库。
>
> 比如，为了研究色号和销量之间的关系，公司抽取了电商平台上几万个唇彩SKU（库存量单位），建立人工智能机器图片学习系统，根据不同红人的调性、气质匹配不同的色号，经过红人主播、产品色号、产品销量、粉丝互动热度的综合对比，精选最有爆款潜力的组合。
>
> 而这个"爆款"不单指产品，红人主播、产品色号、产品销量、粉丝互动热度的最优组合等都会沉淀在这家公司的人工智能系统中，实现可叠加的价值积累。

"21世纪最贵的是人才"，在当今的商业语境下，"最贵的更是红人IP"。如果你跟红人主播竞争，你会被压制；如果"跟着"红人主播竞争，你会被带动。

说到这里，已不仅是直播电商要全域触达，而是你必须适应这种新经济形态的全域触达，职业主播、纳米红人或头部红人、明星都开始在自己的专长地带影响粉丝的消费链路，这是一场"超限战"，已经渗入现代生活的所有场景细节，你是绕不过去的。

第十章 新思维：创业者如何在新经济时代升级技能树

不管是李子柒、李佳琦，还是微博、抖音、快手、B站，甚至是咖啡厅、川菜馆、体验店、飞机场，这些看似没有关联的流量入口，都是用户消费链路上的一个环节。你不知道何时何地，微妙的一次暗示、一点刺激，就意外激活了粉丝（消费者）的购买欲，使之做出了一个购买决定。

如果是创业公司、初创品牌，当然不能也不用完全掌握消费者的消费链路，要做的是踏踏实实推进循环迭代，在小循环、中循环乃至大循环中推进产品品牌的进化迭代，将红人主播、热度话题、忠实粉丝、人货匹配这些红人经济资源，在品牌、公司的自有系统中沉淀下来，优化下去。

反鲁莽：如何给你的创业项目做压力测试

生物学中有一个著名实验：在一个试管里放入两种不同的草履虫，过几天再看，会发现其中一种占据了试管的最上端，另一种则占据了最下端，中间成了不被光顾的真空区域。这似乎是这个世界的通行经验，比如在礁石上生活的藤壶，往往是一个种类占据礁石的高潮线，另一种就会爬到低潮线生活，就像达尔文说的："自然偏爱极端。"

国内消费市场也是如此，要么是精致和高品味，要么是廉价和性价比，两者之间没有模糊地带，任何消费市场的中间地带都是没有前途的，这在经济学上叫"M型市场"，简而言之，就是"商业偏爱极端"。

我们可以基于4个极端消费倾向建立一个客群方阵，具体划分如下。

1. 下沉客群——对价格极端敏感，对品质无所谓，随时可能放弃购买，除了价格信号、补贴福利，几乎没有别的办法可以将他们沉淀下来。这个方阵的潜在用户，对网红产品几乎无感，他们在国内（三四五线城市、县镇市场）至少有超过6亿的规模。

2. 云端客群——对价格毫不敏感，对品质毫不在意，他们不求最好，但求最贵，他们需要的是一种身份标签。这个方阵的潜在用户规模不大但品味一致，目前只有如褚橙、小罐茶等少数小众红人品牌成功触达这一客群。

3. 优品客群——对价格不够敏感，对精致极端敏感，他们特别"懂货"，知道产品好在哪里，也愿意支付"溢价"。这个方阵的潜在用户（主要是中产女性）是所有红人品牌建立流量池的方向指针，不仅黏性高，是品牌口碑的主要载体，也能反过来给品牌赋能，引导产品和品牌的进化方向。

4. 迷茫客群——对价格不够敏感，对精致要求极高，但不太"懂货"，乐于附和时尚趋势。这个方阵的潜在用户（主要是95后年轻一代）是很多红人品牌的催化因素，但流动性高、忠诚度低。

客群方阵

第十章　新思维：创业者如何在新经济时代升级技能树

不同的客群之间是壁垒分明的，对创业团队来说，任何跨界的动作都是很不明智的。苹果、小米已经有前车之鉴，苹果开发过中低端机型，小米曾想攻入高端市场，结果一到中间地带，业绩就下滑，甚至波及原有的利基市场。

如果你已瞄准目标消费人群，为了提高产品和品牌的生存概率，不妨做一个压力测试。2008年金融危机，美国很多有百年历史的大型金融机构（如花旗银行、雷曼兄弟等）处在生死存亡之际，摩根大通反而策略主动，大胆进行市场收割，逆势成了大赢家。摩根大通时任首席执行官杰米·戴蒙（Jamie Dimon）可谓是美国最有影响力的银行家，在他的领导下，摩根大通每周会做100多个压力测试，包括地缘政治、经济衰退、战争威胁等，对每一项威胁都做了最坏的准备。

压力测试尽管是一种危机应对措施，但平常也不能放松，立足最坏、争取最好，反而能使你在逆风中抓住战机。如果你是在大城市里创业，你要设想不同的消费品味，还得考虑成本是否承担得起，要靠什么补偿成本支出，这样才能使你超越平庸而突围。如果你是在小城小镇的下沉市场，除了要跟人拼商业模式、资本、速度，还要拼社会关系、圈层经营，你要适应当地规则，哪怕其中有很多不可理喻的地方。

如果使你的成本加倍，将你的预计销售收入减掉一半，将回款的时间延长到预期的4倍，你还能存活下去，这就说明你的"抗打击能力"足够强，可以创业。压力测试主要考验一个创业团队的适应力、续航力和渗透力。

适应力

你要适应超越你理解范围的市场环境，比如你可能完全不明白

95后人群收入不高，怎么能支撑一个个规模不小的小众市场。一些电商数据显示，如飞利浦电动牙刷、激光虚拟键盘、Bose耳机、戴森吹风机和吸尘机等红人产品，功能并不特别，但价格高，属于"小商品中的奢侈品"，但这些恰恰是买不起大件（房、车）的年轻人在自己承受范围内买的最贵的商品，这样可以形成一种内心的安慰。

他们不富有，甚至负债很多，但不愿接受平庸的产品、粗糙的生活。在精致生活、社交消费的驱动下，90后、95后、00后哪怕收入在增长，也可能成为"都市中的新穷人"。所以，英国学者齐格蒙特·鲍曼会在《工作、消费、新穷人》一书中用"新穷人"来形容现在的年轻人。

比如廉价的下沉市场，将会对你的韧性构成一种严苛的考验。下沉市场的极端情况不在国内，而在印度，如果你的产品可以在印度市场存活下来，可以说，你就没有搞不定的下沉市场。

印度人买手机，他们会把手机200多个原配件的价格全弄清楚，再加上4美元的加工费，以此为基础和你谈。这完全是把价格压到最低，即使如此，印度人也不会痛痛快快地给你付款，因为账期很长。不论你如何报价，印度人都会说"太高"，而要是免费的东西，印度人又会说"太少"。印度市场是世界上最难经营的下沉市场，也是天然的产品试验场。

续航力

很多国际大牌并不是诞生在一线城市，比如可口可乐诞生在亚特兰大，耐克起家于俄勒冈州的波特兰市，沃尔玛起家于阿肯色州罗杰斯城，宝洁起家于俄亥俄州辛辛那提市。起源于二线、三线城市的消费品牌，反而更有可拓展性，它的价格、口味、供应链都能经过细致打磨，毕竟，绝大多数城市都是二线、三线城市，品牌更容易找到"同温层"。

"同温层"有多大，决定了你的续航力。比如近几年兴起的消费品牌，周黑鸭诞生在湖北武汉，三只松鼠诞生在安徽芜湖，喜茶起家于广东江门。这些最早适应二线、三线城市的消费品牌，反而更容易找到同温层市场，向上（一线城市）向下（县城乡镇）都能找到破局点。

很多品牌在一线、二线城市拓展市场，可以做一份商业计划书、一个PPT，然后融资，可以先不考虑盈利，把消费者基数做大，再上市。可是小城小县的市场拓展更加朴素，要货真价实、价格公道、童叟无欺，最重要的是，做生意要赚钱，不然公司、品牌撑不下去。

渗透力

现在销售产品、做品牌，你一定要渗透到目标人群的精神世界，当今时代的营销有3个层次。

1. 最低层次——哪里有流量就往哪里挤。

电视流量上涨，就发力打电视广告，流量到了微博上，又发力联络红人主播，这样只会使人群的基数越变越小，信息维度不断收窄，也不符合新一代年轻人的精神气质。

2. 一般层次——差异化的饱和攻击。

你如果要推广一个牛奶品牌，可以选择将不同红人主播组合搭配，因为有的用户可能关注食品安全、营养，会关注一些科普博主，有的用户可能关注牛奶口感，会关注生活类红人主播，有的用户可能关注牛奶的喜感，会看红人主播的饮品调制……你将不同类型的传播方式组合成一个传播矩阵，用户的想法再有差异化，经过"饱和攻击"以后，也总有机会触达。

3. 最高层次——"做同路人"是最佳策略。

你不仅在销售一些产品的功能，还在帮助用户找到"买东西的灵感"，促成更喜欢的生活方式。一笔笔的消费支出，帮助人们换来一种归属感，这就是社群归属。锚定用户、精准营销是对的，但是，最高明的营销策略是注入一种"同路人的真实情感"。

最后，压力测试的终极目标是要实现一种沙盒创新。就像一个盒子，里面装满了细沙，盒子不能打破，价格一定要低，怎么办呢？那就只能在细沙上想办法，将每一粒沙子的成本效率、用户体验做到最好。

世界上最便宜的医疗服务在印度，以眼科手术为例，印度的价格可以做到国际水平的 1/10 到 1/15。印度凭什么能把价格做到这么低呢？在正常情况下，一个医生一天做 4 台手术，就已经达到了体力的极限。但是印度医院将病人安排到流水线上，次要环节由那些普通的、工资低的医生来做，只有关键环节才由高明的医生来做。这种生产工业品的流水线思路被用到了手术台上，如此的低价当然让人惊讶。

过去传统商业像大口吃肉喝汤，但未来的红人商业则考验你的精细度，要么在产品的品质上极端精细，要么在运营的成本效率上极端精细，这就像向血管中注射营养液，要从针眼中找机会，非常考验人的耐心。

反错觉：避免近视和远视，追上小趋势

当下，确实是一个成功学泛滥的时代，很多上随波逐流，追求表面的成功。可是，这并没有使更多人离成功更近。"道理懂得很多，但仍然过不好这一生。"

第十章　新思维：创业者如何在新经济时代升级技能树

2001年，谷歌的首席执行官施密特四处招揽人才。一天，一位叫桑德伯格的女士来面试。桑德伯格之前的职场经历很不简单，年纪轻轻已经做过财政部长助理，这次从政界转入硅谷科技界，是有很多想法的。当时，谷歌才成立3年，没有上市，提供给桑德伯格的职位、薪水，都不令她满意。在桑德伯格有所犹豫的时候，施密特说了一句话："如果有人给你在火箭上提供一个位置，那么别管位置好坏，先上去再说。"

这是不是很像近年来国内流行的"风口论"（"站在风口上，猪也可以飞起来"）？这比"雷军成功学"早了十几年，确实有励志效果，当时就使桑德伯格毫不犹豫地加入了谷歌。后来，桑德伯格也是这样给年轻人提建议的，将眼光放长远，能预见趋势。在这个创新加速的剧变时代，你是否真能看懂趋势、做出富有远见的判断和行动？

如今，硅谷已经很少谈"趋势"，更多在谈"迭代"——你不可能一两次就能看懂市场、理解用户、看清未来，先人一步、立足浪潮之巅更多是一种激情和梦想，在不断试错中快速迭代，才是务实的创新方法论。

国内媒体特别关注成功学，类似以下报道很常见。

一位哈佛学生在大一时随手做了一个社交网站，经过8年的努力，它成了一家有几千亿美元市值的公司，那位学生后来娶了一位中国妻子。你应该猜到了，他是马克·扎克伯格。

似乎扎克伯格没有费多大劲，意外先人一步抓住了机遇，很快成为超级富豪，创业看起来很有趣。但是，这里面有很多逻辑盲点。

当今世界有两大创新中心，一个是美国硅谷，另一个是中国深圳。世界级的独角兽公司（估值超过10亿美元）全球有数百家，中国和美国就占70%以上的比例。有人提过一个问题：中国人和美国人似乎在联手缔造一个全新世界，但两者最大的区别是什么？一个美国教授给出答案：中国人喜欢"抢风口"，总想领先别人抓住趋势，眼里更多的是"机会"；美国人更在意自身能力进化，如何一步一步地适应趋势变化，眼里更多的是"迭代"。

真正的创业，并没有那么励志，也很少有特别的故事供媒体讲。其实，美国大多数创业者都处于40~50岁这个年龄段，他们要么在谷歌、微软、高通等大公司里待过，要么在大学、科研机构里积累了很多专利。即使这样，他们也并不指望创业一两次就能成功，而是注重保存实力、不断积累资源和人脉，希望在连续创业中获得一两次成功。哪怕你看对趋势，多数时候也难以把握趋势。

杰克·多西（Jack Dorsey）创立了推特，也就是美国的微博，特朗普也在推特上经营自媒体。杰克很有远见，看到了"社交媒体将传媒民主化"的大趋势。可是，推特刚过初创阶段，首席执行官杰克就被投资人辞退了。原因是杰克作为首席执行官，财务能力不行，只会用自己的笔记本电脑管理公司支出，但公司规模越来越大，杰克看不懂复杂的财务报表。

> 过程非常无情，几位投资人从东海岸的纽约飞到西海岸的硅谷，先请杰克吃饭，然后直言："我们打算换一个首席执行官，当然，可以给你保留一个没有实权的主席职位，在董事会上有沉默的一席。"杰克想争辩，投资人立刻就拿

第十章　新思维：创业者如何在新经济时代升级技能树

出了法律文件——要么签字，要么自己找律师。推特的创始人还没有开始落实他的远见，就下岗了。

优步的创始人兼首席执行官特拉维斯·卡兰尼克，也是"被下岗"的。当时，他还在芝加哥的酒店内面试高管，两个董事递进来一封信，要求他在当天24点之前辞职。特拉维斯是最先看清趋势、开创一个行业的人，他们有什么理由要他下岗呢？投资人的理由是："创建人、愿景家以及日常运营者之间有较大的差别。"

任何一家创业公司都会经历3个阶段：从0到1的创业阶段，从1到N的发展阶段，从N到N+1的转型阶段。

创业阶段需要"有愿景、远见的首席执行官"，发展阶段则更需要"具有运营能力的首席执行官"。所以，把握趋势，不如把握自己，不断促进自身能力的升级迭代，才是最重要的。

什么才是最好的创业策略？有了一个好点子，立刻辞职去干，这样合适吗？正确的做法其实不是辞职，而是利用晚上、周末的闲暇时间来创业。除了要保证稳定的经济来源，这样心里也踏实，还能找时间、机会检验自己是不是真心想做这份事业。更重要的是，创业会千头万绪，你是否能驾驭好方方面面的关系？你在上班期间挤时间，逼着自己高效做事，其实就在训练自己的创业能力。

看不到趋势，不是最不幸的。看得远、做不到，才是最遗憾的事情。这个时代最著名的成功学大师，其实是比尔·盖茨。比尔·盖茨年纪轻轻成了世界首富，而且蝉联多年，他还写了一本书叫《未来时速》（*The Speed of Thought*），传播他的成功学。书中有这样一段："在我19岁的时候，我窥见了未来的曙光，并把自己的事业建立在我所看到的未来之上，时间在慢慢流逝，我的决定终于被证明是正确的。"这是多么委婉的骄傲！

我们不能不佩服比尔·盖茨的预测能力，盖茨预言："你将能在你的口袋、钱包里装皮夹式电脑。"这是不是很接近现在的智能手机？可惜，微软收购诺基亚的手机业务以后，虽然想做好，但没有成功。盖茨预言："通过网络形成的友谊将天然地导致人们聚集在一起。"是的，微软早已先人一步看到社交网络的趋势。可是，脸书、推特崛起以后，这个网络社交世界就跟微软没有关系了。哪怕比尔·盖茨一步到位，看清了10年、20年以后的未来世界，依然无法阻挡微软被苹果、谷歌、脸书、亚马逊所超越。

乔布斯有没有预测未来？没有。苹果公司只会不断推动产品迭代，创造未来。智能手机最早由诺基亚开发出来，苹果只是在有了智能手机之后，大胆注入新技术、新设计，推动苹果手机从1.0、2.0到11.0、12.0的快速迭代，开创了一个新的时代。相反，微软、诺基亚没有输在眼光、远见上，而是输在迭代能力上。

微信，不是腾讯预测、规划出来的。相反，腾讯在开发微信的时候，自己都不知道两个月以后的微信是什么样子。微信每个版本会是什么样子，都只能等上一个版本发布以后才能确定。好的产品，都是不断演化、持续迭代的。"微信之父"张小龙有一句名言："基于新的信息，在认知上领先别人半步就能获得成功。"

互联网世界经常会有"远见被短视打败"的例子。世界第一大网租车公司优步，营销灵活多变，几乎没有对手。因为优步"足够短视"，它只做这周或者下周的计划，而每个活动从筹划到执行基本都只有很短的时间，这样可以让产品和营销策略实现快速迭代。认知迭代，要比洞察趋势更加重要。

第十章 新思维：创业者如何在新经济时代升级技能树

反平庸：遵守"比特创业法则"

孙正义说过，过去 20 年，如果投资制造业，回报率是 12 倍，如果投资互联网行业，回报率超过 700 倍。所以，正确的事情是要紧盯赛道。那么，互联网时代的"赛道思维"有什么不同寻常的地方？

互联网已经普及 20 多年，那么"互联网时代最根本的商业逻辑是什么"？其实就 3 个字——反平庸。有一个"比特创业法则"——市场份额遵循 721 原理，第一占 70%，第二占 20%，第三及以后的共占 10%。

绝大多数 App 不仅不能赚钱，而且倒贴钱请用户使用，但是好的 App 每年赢利过亿。电商平台、移动支付或 O2O 服务等行业，第二名只能仰望第一名的估值，第三名及之后的几乎没有存在感。社交媒体、搜索引擎、线上点餐、网约车、互联网金融等领域几乎都是这样，第一发展得很好，第二勉强维持，第三及以后的几乎在等着倒闭。

如果你所在公司不是行业第一，你在这条赛道上必定会遇到"堵车"甚至"被堵死"。你的职场生涯也是如此，不头部，常会无活路。比如，你做游戏开发，一流工程师的收入是天价，而很多三流工程师的收入一个月不到 1 000 美元。专业人士，如会计师、律师、投资经理等，一流水平的收入是行业平均水平的十几倍、几十倍，一般水平的人经常免费为他人提供服务。前沿科技领域更加残酷，比如开发语音识别技术，你将错误率降到 8%，已经很厉害，可是你的对手只有 7.95% 的错误率，你就会立刻出局。不是 5% 的一流水准，你就会被挤出赛道。在这个"反平庸"的时代，会赢的人将会赢得整个赛道（甚至赛场）。

过去，在很多人的印象中，天使投资人是很厉害的一群人，有大把资金，还有人脉，投对一个好项目往往有几十倍、几百倍的超额回报。然而，这大多是假象。真实情况是，硅谷、深圳90%的天使投资人都并没有赚到钱，好项目、好机会都被5%的头部机构分食。

重仓头部公司，集中资源将快速崛起的初创公司推向头部位置，这是顶级投资机构的一贯策略，因为行业老大的规模实力往往大于后面所有跟随者的总和。一般天使投资人就算很有眼光、远见，也没有能力引导趋势，塑造行业发展态势。所以，他们只能到处"撒胡椒面"，这里投一点，那里投一点，希望能走运，投中下一个亚马逊或者谷歌。

真正务实的投资策略，不论投初创公司还是上市公司，一定要投这个赛道上第一名的公司。那么，第二名、第三名公司有没有价值呢？有，但这个价值是给第一名当侧翼，开拓第一名暂时顾及不到的市场，等被收购时，可以有一个好价钱。

投资或者求职最重要的是，你能真正看懂一家公司。基本判断标准包括这家公司在哪个赛道上，处于什么位置和发展阶段，行业发展空间如何，这家公司是在引导趋势还是在追随趋势。深度判断标准包括这家公司做事情的成功率和效率如何，公司事业是什么样的量级。

要特别注意的是，一家公司如果平稳运营、脚踏实地，做事情的成功率和效率也会随之提高，而绝大多数公司真正难以做到的，是"提高事业的量级"。做事情的量级，决定一家公司能否占据一个赛道，这不是你完成几个重要的任务就可以解决的，而是必须持续、深度学习，适时转变自己的角色。如何判断一家公司做事情的量级？4个字——网络效应。

第十章 新思维：创业者如何在新经济时代升级技能树

网络效应的本质是"规模和价值的正循环"——商业价值的提升速度要大于业务规模的增速。比如信用卡业务，美国信用卡行业集中度非常高，维萨、万事达卡、美国运通、发现卡占据了全美信用卡市场的85%。美国的信用卡网络相对封闭，如果你需要付费，这四大信用卡网络的覆盖面很广，可以使用的地方（超市、便利店）很多，而使用便利，使用的人就越多，愿意加入四大信用卡网络的商家也会越来越多，网络就更大。四大信用卡通过这种正循环，成长为巨无霸。

做国际贸易时，跨国汇款是一件很麻烦的事情。世界上将特快汇款业务做得最好的，是美国西联汇款公司（The Western Union Company）。西联汇款是怎么打败竞争对手的？它创造了3倍于竞争对手的业务网络，能够实现5倍于竞争对手的交易量，因为网络效应的作用，它的客户可以把资金投到其他国际汇款公司无法到达的地方。

网络效应带来的商业价值是"非线性"的，网络规模可能增长60%，其所带来的商业价值就会增长100%。一个网络每增加一个用户，原有的每一个用户的价值都会增加，这就是网络效应。互联网时代更是大大提升了网络效应。三康公司（3Com）的创始人梅特卡夫（Metcalfe）提出过著名的梅特卡夫定律——一个网络的价值和网络用户数的平方成正比。

2015年中科院的3位数学家做过一个研究，他们将腾讯和脸书的数据做了对比，分别分析了2003年到2013年腾讯和脸书用户数据和网络成本，结果发现，腾讯和脸书的网络成本符合 n 的平方定律，比如用户数增加10倍，成本就要投入100倍。为什么现在流量这么贵？这其实很好理解。

腾讯和脸书何以牢牢占据社交网络这一关键赛道？梅特卡夫定

律是一道天然护城河，若无意外，极难突破。直到现在，突破梅特卡夫定律的天堑，成功抢占社交网络这一赛道的，只有推特。2016年5月，脸书的估值达到近3 500亿美元，推特的估值只有约100亿美元，两者相差34倍。当时，脸书的用户数比推特多6倍左右，6的平方接近34，这似乎是一种巧合。2016年美国大选，特朗普在推特上建立了官方发言渠道，之后，特朗普如愿成为新一届美国总统。特朗普是超级红人，认同特朗普的更多红人相继入驻推特，给推特带来惊人流量。推特没有费多大力，用户规模就上升了一个量级，终于挤进脸书的赛道。

如果一家公司做事情的量级不够，很难占据一个赛道，这家公司也就没有长远价值。如果几家公司同时争夺一个赛道，就要看它们做事情的量级。很多公司看起来实力差不多，但真实的差距，远远大过你的想象。一家公司的前途，不仅取决于做事的成功率和效率，事业的量级更具有决定意义。

反脆弱：牢牢构筑你的商业护城河

创业的初衷是什么？很多人的真实想法可能难以启齿：职场磨炼多年，生活还是不如意。想锻炼身体，可是工作忙、抽不出时间；工资刚发，就要还信用卡和车贷。这样越穷越忙、越忙越穷，在一个怪圈里走不出来。最糟糕的是，年纪越来越大，在职场上又不是不可替代的人，危机感很重。所以，你要从这个恶性循环中跳出来，这是一种脆弱，不是你创业的理由。

成功创业的最大前提恰恰是反脆弱，即你要具备在风险、波动中获益的能力。这非常考验你的眼光、耐心、策略和远见。具体而言，是以下5个方面。

第十章　新思维：创业者如何在新经济时代升级技能树

创业就是重新定义一块疆域

硅谷的著名投资人霍洛维茨的一个观点是，创业是做特立独行的事情，而不是大家都觉得好的事情。如何开发更高分辨率的摄像头？如何缩短手机电池的充电时间？如何设计更加安全的刷脸技术？这些事情人人都觉得好，所以苹果、谷歌这些巨头一定会去做，创业公司很难有机会。

创业更不是做自己喜欢、擅长的事，而是去做用户需要的事，尤其是发掘用户自己都没有发现的需求。一部叫《创业时代》的电视剧的剧情设定特别糟糕：男主角开发了一款社交App，坚信这将诞生价值上百亿的大生意，经过很多周折，最后追梦成功。男主角面对的竞争对手是腾讯，他是在一个存量市场中跟巨头展开竞争，一般创业者会有胜算吗？

如果你的竞争对手不弱，你只有两个应对策略：一是找它最强的地方进行竞争，坚持到底；二是避实击虚，找它最弱的地方进行竞争。但这都是不合逻辑的。对手的竞争优势是长期努力、不断迭代优化的结果，已经积累了很久。如果对手的竞争优势面临挑战，大象不会等着被蚂蚁啃，一旦出手反击，那就是雷霆手段，一般创业公司扛不住。这几年，很多公司想挑战腾讯的微信和QQ，没有成功的。攻击竞争对手的弱点更不可能，没有人会坐视自己的弱点长期存在，之所以没有补强，很可能是这个点不重要。

那么，创业公司该做什么事情？在原有体系外重新定义一块疆域。比如广告行业，包括平面广告、电视广告、搜索竞价广告、淘宝广告、微信广告、楼宇广告、地铁广告、航空广告、高速公路广告等都已经十分饱和，不论在哪个细分领域，都有大量竞争对手和你抢客户。可是，那些红人电商反而迅速突围，几乎没有竞争对手。

在过去几年的"双 11"活动中,红人已经创造了惊人的价值。一个头部位置的红人主播,"双 11"当天的销售收入往往比一家百货公司一年的还多。

未谋胜,先虑败,才能立于不败之地

有人问:"你平时考虑最多的是什么事情?"成熟的创业者会逆向思考:"我每天都在想,逆风来时,我该怎么翻盘。"

资金、资源、团队逐渐稳定以后,看似前途一片光明,很多竞争者加入,殊不知市场瞬息万变,安逸的背后是风起云涌、险象环生。不要以为公司的发展是在积累资源,逐渐成功,一定也有积累问题的过程,而且问题总有一天会引爆。比尔·盖茨很久以前就说:"首席执行官的第一个使命就是听坏消息。我始终保持高度清醒,公司不可能一直不出事。"

创业路上有很多冰山,而且大多暗藏在海平面之下。未谋胜,先虑败,是创业者一种负责任的态度。哪怕是谷歌等巨头,也充满危机意识。谷歌在未上市之前经常向员工公开财务数据,高层会主动告诉员工公司当下的现金储备。今天,谷歌有超过 1 000 亿美元的现金储备,但公司始终保持着一个思考传统:假设公司连续 3 年没有收入,是否有足够的现金储备撑下去?

外界往往只看到一些伟大公司的赢利能力,真正重要的是一个公司的抗衰退能力。只有立于不败之地,才能取胜,而且在遇到挫折时,才更有机会翻盘。

"精益创业"就是低成本试错

这个时代从不缺少热血和理想,很多人抱持理想和热忱创业以后,很快就遭遇各种瓶颈。相反,"低成本试错"推进服务品质的持

第十章 新思维：创业者如何在新经济时代升级技能树

续精进迭代，可能才是长久之计。

创业，意味着"市场的反应永远是滞后的"，选择创业，就是选择了不断试错的过程。很多连续创业者最喜欢提一个问题——创业的"最小成本试错方案"是什么？具体做法是先向成熟用户推出简单的最小可行性产品，根据市场和用户的反馈，不断调整和学习，用最小成本找到用户痛点，直到产品获得不同类型用户的广泛认可，再理清其中的商业逻辑，并深度优化和迭代，最终大规模投入市场。

很多公司越做越大，但是仍选择分解成一系列较小的团队，每个团队就像初创公司一样，进行试验创新，进行"特种兵攻坚"。比如，你要尝试几个新业务，最好不要一次性投入很多人力、资源，而是在一个新业务上只投入三五个人，安排半年时间，这样小规模试错，如果没有找到"可靠的实用方法论体系"，就迅速调整方向再测试，这样不断循环，探索应对各种细节问题的具体套路，直到服务通过检验并得到认可，再跟进资源扩大市场。

不要以为小团队人少，办不了大事。你可能不敢想象，谷歌服务中国、日本、韩国等国家的搜索业务，很长时间只配置4个工程师。WhatsApp是英语国家一款顶级通信应用，在WhatsApp达到10亿活跃用户的时候，它只有57位工程师，全公司只有1位产品经理。这就是"特种兵攻坚"的惊人能量——精干、小步快跑、快速进化和迭代。"精益创业"就是低成本试错，以实现快速进化和迭代。

每一个行业都有它的"行业惯性"，而你能做的，就是既不过分消极也不过分积极，通过持续的优化、迭代，让一个新事物慢慢被社会中多数人接受。

与时间赛跑，做慢生意

互联网时代的快节奏，逼着我们要跑赢时间。可是，创业者必须学会慢下来，沉淀出真正有质感的产品，慢慢建立品牌，这些都需要时间。

做慢生意，究竟"慢"在哪里？一是始终要遵循流程、逻辑和行业脉络运营，边做边优化，力求真正做到精细化运营，这个"做精"的过程要慢下来。二是任何一个业务流程背后都有一个利益共生体，不是单一存在的，一个项目的成功必须经过利益共生体的集体验证，这个"协同"的过程要慢下来。

国内的互联网公司的发展其实都很慢，优酷、土豆、滴滴、快滴用一年半时间打败了多数玩家，那是因为腾讯、阿里巴巴入局加速了行业的整合。可是在巨头入局前后，这些公司的创始人都经历了漫长的连续创业和试错过程，有了可靠的核心专长才会被巨头选中，然后要消耗大量时间和资本，去建立行业标准和商战"护城河"。

如今创业的初始阶段更残酷了，哪怕有巨头相助，也不会改变发展的"总时长"，因为一家公司不可能很快就发展起来。从企业的角度而言，做一件事情至少要准备10年时间，而且大部分公司在10年里发展不起来也是很正常的。

成功是一种过程，创业永远处于"中间状态"

为什么好的创业者总是精力旺盛？因为他们有超强的信念。很多人工作起来就觉得累，其实是身体的能量不够，没有梦想和信念的驱动，会经常提不起精神，工作也是在应付，对事业毫无感情。信念决定一个人的能量大小，创业者不知疲倦，是因为他们的心中有明确的目标，有清晰的方向。

创业者该怎样定义自己？或者靠什么做到独一无二？哪怕你成功开创了一个新市场，也要有心理准备：经过一段时间的市场检验

第十章 新思维：创业者如何在新经济时代升级技能树

以后，会有模仿者、竞争者加入，如果没有好的科技带来变局的机会，这个行业的商业模式就会走向同质化。你该怎样应对？要考虑策略、打法，或阶段性聚焦、内部组织搭建，最终要靠创业团队解决问题的实际能力。

公司、项目表面上也许有一些共性，但没有哪两家公司可以相互复制。来路、途径、时间节奏、团队结构等各种因素，决定着一家公司的独一无二，用 A 公司的商业逻辑去衡量 B 公司的成败，是不妥当的。哪怕湖畔大学，或者名校 EMBA（高级管理人员工商管理硕士）课程，可以帮你打开视野，但不会给你提供任何可复制的创业模板。

创业者知道未来在哪里，也知道会有很多盲点，但只要方向对了，就可以以攻为守，突破盲点。

前方是用户，而不是对手。为什么马拉松比赛中谁也不愿意一开始跑在第一名？因为第一名不仅要靠自己调整找到最合适的跑步节奏，还要时刻提防后面的人超越自己，这种心理上的考验才是最耗费精力的。当你选择紧跟用户需求不断调整、试错，用大胆的进攻完成防守工作时，你才会走得更远。

后记

人这一生要经历很多风浪，大多时候你不知道坏消息何时会出现、冲击会有多大。如果你有创业经历，危机感会成为你的本能，成为你的"肌肉记忆"。

中国首席执行官的平均睡眠时间，每天只有 5~6 个小时，要始终保持状态，因为公司不可能一直不出事。任何的创业成功，都不是数学上的概率，更不是冥冥之中的天意，而是创业团队把握趋势，瞄准目标付出资源，在关键节点上有做出牺牲的勇气和选择的智慧。这些东西加在一起，才能使创业公司不断滚石上山，爬坡过坎，有如天佑神助。

很多投资人喜欢跟创业者讲大马哈鱼的故事。大马哈鱼一出生就顺着洋流，从出生的河口开始，绕着太平洋游一圈，最后回到起点。一圈 4 年，它们逐渐从小鱼苗变成可以繁殖的大马哈鱼。这当中有几个特别重要的细节。

第一，大马哈鱼绕太平洋游一圈，大概只有千分之四能活着回来，存活率非常低。

第二，千分之四当中的雄性大马哈鱼还要竞争交配权，胜利者才可能留下后代。

第三，雌性大马哈鱼溯流而上，产卵后就死去，这种自然选择生成机制使大马哈鱼为了繁衍后代不惜牺牲自己。

大马哈鱼的一生是一个悲剧。大马哈鱼总要洄游，4年绕太平洋一圈，回归起点，它们为什么会有这样的执念呢？其实，这就像创业，创业就是不断走回头路，不断重复起伏和甘苦，差别在于你是上升的正螺旋还是下沉的负螺旋。

很多人说，创业本就是一场赌博。因为胜算太小，创业公司平均寿命大概只有2年。所以，你可以自问，你凭什么坚信自己能够最终突围？

赌博是讲究计算和概率的，输了就只能坐以待毙。但创业是基于胆量和洞察的，过程重于结果，在过程中不断试错、调整自己，可以将输赢控制在自己手上。

你既然选择将自己的人生、财富、时间、精力都投入自己所看好的市场中，那么奋斗就不分早晚，因为你要实现自己所期待的人生价值。

创业者不应该计算成功的概率，创建公司时，要坚信"任何问题都会有一个解决办法"，而你的责任就是找出那个解决办法，不论概率是99%还是1%，你的任务始终不变。

专心致志的能力，在无路可走时选择最佳路线的能力，包容各种难容之事、在痛苦中打开原有认知边界的能力，你拥有了这些才能逐渐塑造创业者的独特气质。

创业的最大快感，在于将脑子里的创意，基于不同假设、各种变量构建成一个个商业现实，那种成就感会带给人不可描述的愉悦。每做一个项目，你都会觉得自己经历了另一种人生。你我必将成为这个行业、这个时代的关键变量。